QUE SAIS-JE ?

Le français de la Renaissance

MIREILLE HUCHON
Professeur à l'Université de Paris-Sorbonne

ISBN 2 13 041411 7

Dépôt légal — 1re édition : 1988, mars

108, boulevard Saint-Germain, 75006 Paris

INTRODUCTION

La décennie de 1530 à 1540 est sans égale dans l'histoire du français. Outre la création du collège des lecteurs royaux (1530), ancêtre du Collège de France, qui consacre l'étude des langues anciennes et ouvre la voie à la linguistique comparée, outre la fameuse ordonnance de Villers-Cotterêts (1539), qui impose le français dans l'ensemble du royaume, elle se signale par la naissance de la grammaire et de la lexicographie françaises, l'instauration des signes auxiliaires (accents, cédille), et l'élaboration de systèmes orthographiques.

Cette décennie *mirabilis* ne saurait toutefois occulter la recherche de tout un siècle pour la défense et l'illustration de la langue vernaculaire. S'il fallait inscrire un nom au *terminus a quo* de cette période de réflexion sur le langage qui a conduit à la codification du français, les auteurs du XVIe siècle désigneraient Jean Lemaire de Belges. Du Bellay, après Marot et avant Ronsard et Pasquier, se plaît à reconnaître un rôle de précurseur à celui qui lui semble « avoir premier illustré et les Gaules et la langue françoise » (1). Son œuvre reflète de fait quelques-unes des préoccupations linguistiques majeures du XVIe siècle :

(1) La graphie et la ponctuation des textes du XVIe siècle ont été respectées, à l'exception des abréviations et des ligatures, nombreuses dans les éditions du XVIe siècle. Le *i* et le *j*, le *u* et le *v* ont été distingués, alors que, dans la plupart des textes cités, ils sont confondus (le *v* n'étant qu'une variante calligraphique du *u* (voir *infra*, p. 40)).

usage de la langue vulgaire (2), recherche des origines avec les *Illustrations de Gaule et singularitez de Troye* (1511-1513) ; rapport entre les langues vernaculaires avec la *Concorde des deux langages* (1513) ; enrichissement de la langue française par « une infinité de beaux traicts tant en prose que poesie » (Pasquier) et par le recours aux latinismes et italianismes ; création d'un style né d'une réflexion sur l' « art mercurial » qui allie poétique et rhétorique.

Le *terminus ad quem* de cette période serait représenté par les premières années du XVIIe siècle. Le temps est alors aux sommes et trésors qui récapitulent les recherches sur le langage, qu'il s'agisse de dictionnaires :

Thresor de la langue françoyse tant ancienne que Moderne de Jean Nicot (1606) ;

A dictionarie of the French and English tongues de Cotgrave (1611) ;

d'ouvrages de linguistique comparée aux titres suggestifs :

L'harmonie etymologique des langues, Hebraique, Chaldaïque, Syriaque, Greque, Latine, Françoise, Italienne, Espagnole, Allemande, Flamande, Angloise, etc. où se demontre que toutes les langues sont descendues de l'hébraique, d'Etienne Guichard (1606) ;

Thresor de l'Histoire des langues de cest univers. Contenans les Origines, Beautes, Perfections, Decadences, Mutations, Changemens, Conversions et ruines des langues Hebraique, chananeenne, samaritaine... (nom de 48 langues)... *Indienne occidentale, Guineane nouvelle, Indienne des Terres Neuves, etc. Les langues des Animaux et oiseaux*, ouvrage posthume de Claude Duret (1613) ;

(2) Une épître latine, *de laudibus linguae gallicanae*, en tête de la première édition de ses *Illustrations*, dès 1511, le félicite d'avoir pris la plume dans une langue qui hérite des vertus du latin, du grec et de l'hébreu. Contemporaine des premiers plaidoyers en faveur du français, elle symbolise l'état de bilinguisme de cette période.

ou d'arts poétiques qui résument les divers arts du XVIe siècle, comme ceux de Vauquelin de La Fresnaye (1605) ou de Deimier (1610) qui porte un jugement critique sur les libertés et la prolixité du XVIe siècle. C'est également l'époque qui, avec Malherbe, apure l'héritage du siècle antérieur en affectant une norme vétilleuse.

Au XVIe siècle, l'illustration du français, ce souci de « donner lustre et clarté à la langue » (selon la glose de Barthélemy Aneau), s'inscrit dans une réflexion sur l'origine du langage, sur les rapports entre signifiés et signifiants et sur le devenir des langues, organismes vivants soumis à toutes les vicissitudes des choses d'ici bas :

« Semblablement le temps faict descheoir les parolles, et l'usage en faict de nouveau recroistre d'autres, et leur donne grace, jusques a ce qu'estant consommees peu a peu par vieillesse, elles viennent aussi à mourir ; parcequ'a la fin et nous et toutes nos choses sont mortelles », Louis Le Roy, *De la vicissitude ou variete des choses en l'univers*, 1575.

Aussi, dans le présent ouvrage, à côté des particularités lexicologiques, phonétiques (3), morphologiques et syntaxiques du français du XVIe siècle, il est apparu important de faire une place à la réflexion plus générale sur le langage, de s'attarder sur les essais de codification, réussis ou avortés, qui touchent l'ensemble des domaines évoqués par Dolet en 1540 dans son projet d'*Orateur françois* qui aurait dû contenir les traités suivants : « la grammaire, l'orthographe, les accents, la punctuation, la pronunciation, l'origine d'aulcunes dictions, la maniere de bien traduire d'une langue en aultre, l'art oratoire, l'art poetique », vaste

(3) Pour l'étude phonétique. il est fait usage de l'alphabet phonétique international.

programme qui répond au vibrant appel lancé par Tory dans son *Champfleury* de 1529 :

« ... donon nous tous courage les ungz aux aultres, et nous esveillon a la purifier ? Toutes choses ont eu commancement. Quant lung traictera des Lettres, et laultre des Vocales, ung Tiers viendra/qui declarera les Dictions. Et puis encores ung aultre surviendra qui ordonnera la belle Oraison. Par ainsi on trouvera que peu a peu on passera le chemin, si bien quon viendra aux grans Champs Poetiques et Rhetoriques plains de belles/bonnes/et odoriferentes fleurs de parler et dire honnestement et facillement tout ce quon vouldra ».

Chapitre Premier

LANGAGE ET LANGUES

Indépendamment des grammaires, des dictionnaires, des ouvrages orthographiques, des rhétoriques et arts poétiques (cités ultérieurement), des déclarations liminaires ou des remarques linguistiques éparses dans certaines œuvres littéraires (comme celles de Rabelais ou de Montaigne), des ouvrages plus généraux intègrent les problèmes du français dans une réflexion théorique sur les problèmes du langage.

En plus des ouvrages de Duret et de Guichard précités et de ceux qui sont consacrés au celthellénisme (voir *infra*, p. 18), on peut mentionner :

François de Bonivard, *Advis et Devis des langues*, Genève, 1562 ;

Jacques Bourgoing, *De origine, usu et ratione vulgarium vocum linguae gallicae, italicae et hispanicae*, Paris, 1583 ;

Charles de Bovelles, *Liber de differentia vulgarium linguarum et gallici sermonis varietate*, Paris, 1533 ;

Antoine Du Verdier, *Les diverses leçons*, Lyon, 1577 ;

Claude Fauchet, *Recueil de l'origine de la langue et poesie françoise, ryme et romans*, Paris, 1581 ;

Laurent Joubert, *Erreurs populaires*, Paris, 1587 ;

Louis Le Roy, *De la vicissitude ou varieté des choses*, Paris, 1575 ;

Abel Mathieu, *Devis de la langue francoyse*, Paris, 1559-1560 ;

Pierre Messie, *Les diverses leçons*, Paris, 1554 ;

Estienne Pasquier, *Les recherches de la France*, Paris, 1607 ;

Guillaume Postel, *De Originibus seu de Hebraicae Linguae et*

gentis antiquitate, deque variarum linguarum affinitate liber, Paris, 1538 ;
Estienne Tabourot, *Les bigarrures*, Paris, 1583-1588 ;
Geoffroy Tory, *Champ Fleury*, Paris, 1529.

A la variété des langues (et le XVIe siècle ne cesse d'en individualiser de nouvelles), les théoriciens opposent l'unité du langage originel et s'interrogent sur les conditions d'imposition des noms aux choses. Ils définissent des critères pour établir une filiation et une hiérarchie des langues anciennes et modernes et scrutent le passé du français.

L'étude des langues est institutionnalisée. Le collège des lecteurs royaux instauré par François Ier en 1530 sous l'impulsion de Guillaume Budé (projet ancien, cher au roi, puisqu'en 1517 il avait souhaité offrir à Erasme (qui la déclina) la direction de son futur collège), comptait à son origine trois chaires de grec, deux d'hébreu, une de mathématiques. L'adjonction en 1534 d'une chaire de latin en fait un véritable collège trilingue à l'imitation de celui de Louvain. La philologie y règne en maître. Ainsi les premiers cours de grec donnés par Pierre Danès étaient des explications de texte où priment grammaire, syntaxe et rhétorique (1).

I. — Origine du langage et imposition du nom aux choses

L'origine de la *prima lingua* est objet de discussion. Aux philosophies antiques que les théoriciens du XVIe siècle n'omettent pas de signaler, s'oppose la thèse théologique de la monogenèse du langage. Pour Diodore, les hommes, dont le son de la voix était originellement confus, ne

(1) Voir Olivier Reverdin, *Les premiers cours de grec au Collège de France*, PUF, 1984.

distinguèrent que peu à peu chaque chose par son nom et d'une manière différente selon le lieu ; pour Vitruve, la naissance du langage est liée à la découverte du feu ; mais, selon la Genèse, Dieu créa les éléments en les nommant et Adam, doté de la parole par son créateur, donna leur nom aux êtres animés que Dieu lui présenta. L'homme reçut ainsi de Dieu le libre arbitre de nommer les substances du monde faites pour lui, et, comme le dit Bovelles, l'origine de toutes les appellations provient du premier homme, décision non arbitraire, puisque Adam aurait alors eu la connaissance des choses.

Mais cette langue adamique, *omnium mundi linguarum idea* selon Bovelles, s'est trouvée divisée lors de l'édification de la tour de Babel. Pour les uns, la confusion aurait été totale ; toutes les langues seraient corrompues, mais pourraient conserver quelques vestiges de l'état premier. Pour d'autres (qui se fondent sur saint Augustin ou Isidore de Séville), la tribu d'Heber, pour n'avoir pas participé à l'édification, aurait échappé au châtiment divin et l'hébreu serait à considérer comme la langue mère (2) ; les orientalistes du XVIe siècle renforcent cette hypothèse en mettant en avant des affinités entre l'ensemble des langues connues et l'hébreu.

Pour cette primogéniture, il existe d'autres compétiteurs : la langue chaldaïque ou syriaque, le germain pour le Flamand Van Gorp ou le gaulois (les apocryphes de Bérose divulgués par Annius de Viterve en 1497 donnant corps à l'hypothèse d'une antiquité des Gaulois (3)). Pour l'orienta-

(2) Sur « le mythe de la langue élue », voir C.-G. Dubois, *Mythe et langage au XVIe siècle*, p. 67.

(3) Voir C.-G. Dubois, *Celtes et Gaulois au XVIe siècle*, p. 24.

liste Postel, les Gaulois seraient en fait les descendants directs de Noé, puisque Gallim, étymon de « gaulois », signifierait « sauvé des eaux ».

Les discussions sur la langue originelle posent aussi le problème de l'acquisition du langage et de la convenance du mot et de la chose.

Le langage est-il inné ou acquis ? Joubert, qui consacre un essai à la question du langage d'un enfant qui n'aurait jamais entendu parler, rappelle que le vulgaire et ceux qui se fondent sur la théorie platonicienne de la réminiscence croient qu'il parlerait le langage d'Adam, mais que les savants estiment que voix et paroles sont à distinguer et que la voix seule (qui appartient à l'homme et à l'animal) est de nature. Le Roy fait ainsi valoir que les hommes ne parlent qu'artificiellement, en entendant « parler les autres, premierement les meres et nourrices, puis le commun vulgaire ».

L'argument principal en faveur d'une langue innée est représenté par la fable d'Hérodote, amplement commentée dans les divers traités, qui portait initialement sur une querelle d'antériorité entre égyptien et phrygien, mais que les hommes du XVIe siècle citent comme preuve éventuelle d'un langage naturel.

Le contexte de la fable racontée par Hérodote (*Histoires*, II, 2) était politique, puisque le but de l'expérience était de déterminer si la langue la plus ancienne était le phrygien ou l'égyptien. Psammetic, roi des Egyptiens, avait fait élever, en dehors de toute communication humaine, deux enfants qui, passé l'âge de 2 ans, prononcèrent le mot *becus* qui signifie « du pain » en phrygien, prouvant ainsi que celui-ci était le premier langage humain.

Pour la réfutation, Fauchet reprend l'argumentation de saint Augustin, avant de fournir celle du médecin :

« et par la jugea que ceste nation estoit plus ancienne que celle des Egyptiens. Mais qu'eust-il respondu à quelque moqueur qui luy eust soutenu que c'estoit la voix des chevres, nourrices de ces enfans ? Et comment se fust il demeslé des arguments d'un Medecin bon physicien, qui lui eust monstré par raisons naturelles, que tous sourds de naissance sont muets et par consequent que la parolle est l'effect du sens de l'oreille qui a son action par l'instrument de la langue ».

A propos de la convenance du mot et de la chose, le XVIe siècle offre les mêmes débats que l'Antiquité qui opposait partisans de l'analogie (origine conventionnelle) et de l'anomalie (origine naturelle). Le Roy rappelle que « n'a esté autrefois la controverse petite entre les doctes : à scavoir si les noms estoient imposez au plaisir et volonté des parlans : ou par art et raison naturelle ». Pour les uns, la variété même des langues incite à y voir une pure convention. Ainsi, selon Rabelais : « Les languaiges sont par institutions arbitraires et convenences des peuples : les voix (comme disent les Dialecticiens) ne signifient naturellement, mais à plaisir » (*Tiers Livre*, XIX). Selon d'autres, les vrais noms imitent les essences et similitudes des choses et sont dotés de pouvoirs magiques :

« A laquelle opinion aucuns ont tant adjouté de foy, que de vouloir enquerir la proprieté des choses par la proprieté des parolles, ou s'ingerer par la nature latente qu'ils estimoient y avoir, faire miracle en les proferant, et guarir les maladies de l'ame et du corps » (Le Roy).

On rappelle alors que pour Platon l'imposition des noms viendrait d'une puissance plus qu'humaine. Dans le *Cratyle* du « divin Platon » consacré à la conformité des mots et des choses et fréquemment cité au XVIe siècle, Socrate rétorque à Hermogène, pour qui la dénomination est pure convention (position tenue aussi par Aristote), qu'il peut y avoir conformité entre la chose et son nom, et à Cratyle qui tient à l'origine naturelle que les noms ne correspondent pas aux choses. Certains commentateurs font la synthèse de ces positions en considérant que les noms sont naturels au regard de l'étymologie et peuvent être porteurs de vérité et remarquent qu'Aristote même veut que les noms soient imposés par les philosophes.

En fait, il semble qu'il y ait une sorte de consensus sur le fait que les noms étaient à l'origine parfaitement adaptés à leur objet (selon les Cabalistes, les mots hébraïques offrent la connaissance des choses) et que c'est peu à peu qu'ils ont perdu cette faculté, ignorée des créations vulgaires, mais que l'on peut retrouver en partie dans l'imposition du nom propre. Du Verdier, qui lui accorde un long développement, révèle avoir appelé sa fille Dorothée « don de Dieu ». (Rabelais, dans le *Quart livre*, consacre « un notable discours » aux noms propres et Pantagruel et Gargantua sont pourvus d'une étymologie signifiante.)

Cette recherche du mot vrai de la langue originelle et de son unité perdue explique la passion de l'étymologie au XVIe siècle :

> « Parquoy il fallut que les premiers qui imposerent noms aux choses, n'ayans autres desquels les peussent apprendre, ils les apprinssent miraculeusement en langue où la nature et verité des choses accordast à leurs origines et etymologies : les quelles on s'efforce chercher jusques à present en toutes langues es significations des vocables » (Le Roy).

Le XVIe siècle est à la recherche du mot *panomphée* « celebre et entendu de toutes nations » (Rabelais, *Cinquiesme Livre*, chap. XLV) ; ainsi, selon Postel, qui recense les mots communs au latin, au français, à l'hébreu et au grec, *sac* est présent dans toutes les langues.

Les débats sur la fidélité textuelle dans la traduction (4) s'inscrivent dans un même contexte. Toute tentative pour réunir les deux textes s'apparente à celle qui essaye de décrypter la langue originelle de l'humanité. Celui qui s'en tient à la littéralité du texte viserait à redresser ce que Dieu a confondu et présupposerait que les mots transmettent une intelligibilité universelle. En fait, une attitude plus pragmatique conduit à la reconnaissance de la propriété de l'une et l'autre langue pour empêcher la corruption.

Voir les préceptes de Dolet dans *La maniere de bien traduire d'une langue en aultre* (1540) ou ceux de Bonivard : « Celuy qui veut bien tourner une matiere d'un lenguage en autre doit bien noter les proprietes d'un chascun desdictz lenguages, autrement ce ne sera pas interpreter, mais corrompre lun sans de rien aider à l'autre. »

Comme l'étymologie, la multiplication des systèmes cryptographiques au XVIe siècle participe à la quête d'un « langage universel formalisé » (5). La *Polygraphie et universelle escriture cabalistique* de Trithème dotée de tables et figures planisphériques doit servir à « l'universelle intelligence de toutes escritures » (certains systèmes orthographiques (voir *infra*, p. 45) ont pour but d'essayer de restituer une langue plus proche de l'originale).

Pour la transmission et la connaissance de la langue originelle, on reconnaît un rôle privilégié

(4) Voir G. P. Norton, *The ideology and language of translation in Renaissance France and their humanist antecedents*, pour les diverses interprétations données au passage d'Horace : *nec verbo verbum curabis reddere fidus interpres*, et les problèmes de la traduction mot à mot qui conduisent certains à dénier la possibilité au traducteur de rendre l'élocution du texte originel.

(5) J.-F. Maillard, Fortunes de l'écriture à la Renaissance : de la cryptographie à la quête d'un langage universel, *Ecritures II*, SFIED, 1985, p. 143.

à la Cabale dont le XVIe siècle exploite toutes les techniques graphiques qui ont, à partir du *De Arte Cabalistica* de Jean Reuchlin (1517), une grande fortune. Dans le *Traicté des chiffres ou secrettes manieres d'escrire* (1586), Blaise de Vigenère décrit dans le détail les six procédés de commutation de l'hébreu :

« Toutes lesquelles varietez viennent comme dient les Cabalistes... de ce que Dieu donna à Moyse la loy escrite en lettres confuses et embarassees, si qu'on y pouvoit lire de touz costez, à droit à gauche ; à l'endroit, à l'envers, du hault en bas, du bas en hault... et chacun se former de la divers sens, qui est la vraye steganographie qu'a voulu imiter Tritheme. Ce neantmoins, qu'il en montra la vraye lecture et intelligence à Moyse : lequel le laissa de bouche tant seulement aux septante Sanhedrin du conseil secret, et eux de mains en mains aux autres. »

Le *Champ Fleury* de Geoffroy Tory dont les gravures de lettres sont destinées aux imprimeurs et graveurs a pu être inspiré à son auteur par la Cabale. Dans cet extraordinaire ouvrage, Tory se fonde sur un principe d'analogie universelle où la lettre est porteuse de symboles variés. Les 23 lettres de l'alphabet (qui ignorait alors le J et le *W* et confondait le *U* et le *V*) correspondent d'une part aux 9 muses, aux 7 arts libéraux, aux 4 vertus cardinales et aux 3 grâces et, d'autre part, « aux membres et lieux plus nobles du corps humain », comme par exemple :

« A. Justicia. La main dextre
B. Urania. Loeuil dextre
S. Rhetorica. La ratte
V. Pasythea. Lespaule dextre
Z grammatica. Le penyl »...

En quête de la proportion idéale de toutes choses (pour laquelle l'Italien Paccioli, son inspirateur, offrait une théorie mathématique), il dessine ainsi l'homme lettre, chaque lettre s'accordant au corps et au visage humain. L'homme, pieds et mains tendus, s'inscrit par exemple dans un O, ce qui « nous signifie la perfection dudit corps humain, et dudit O entendu que la figure ronde est la plus parfaite de toutes les figures ». Toutes les lettres, selon lui, sont formées à partir de I et de O, la fable grecque d'IO révélant l'origine de l'écriture.

C'est dans le contexte des discussions théoriques sur l'adéquation du signe et de son référent et dans le goût des cryptogrammes qu'il faut replacer les jeux de lettres et de mots particulièrement prisés à la Renaissance.

Ils sont multiples. L'anagramme (6), ressuscitée sous François Ier par Dorat et attribuée par certains aux Cabalistes, est particulièrement répandue. Pierre de Ronsard est « Rose de Pindare », Pontus de Tyard « tu as don d'esprit », François de Valois « De façon suis royal », Henry de Valois « Roy est de nul hay ». Tabourot, dans les *Bigarrures*, se vante d'avoir composé une épître avec les 47 anagrammes qu'il a formées sur le nom d'une dame !

Les rébus (7) sont en vogue au début du siècle, avant d'être supplantés par les hiéroglyphes égyptiens ; le discrédit qui les frappe alors (que l'on se souvienne du chapitre IX du *Gargantua* qui reprend les critiques du *Champ Fleury*) porte plus sur les représentations picturales que sur les rébus par lettres (8).

L'on trouvera chez Tabourot un nombre important des manipulations auxquelles les jeux de mots

(6) Voir F. Rigolot, *Poétique et onomastique*, Genève, Droz, 1977.
(7) Voir J. Céard et J.-C. Margolin, *Les rébus à la Renaissance*, Maisonneuve & Larose, 1986.
(8) Voir F. Rigolot, *Le texte de la Renaissance*, Genève, Droz, p. 43.

soumettent le langage : équivoques dans une même langue, ou équivoques entre deux langues : (*natura diverso gaudet* — « nature a dit verse au godet »), contrepèteries, vers rétrogrades, allusions, acrostiches, vers utilisant toutes les lettres de l'alphabet, « vers-protée » pouvant être retourné de plusieurs manières. Tous ces jeux mettent aussi en avant le code propre à chaque langue et illustrent l'universelle ambiguïté du langage, sujet tout à la fois de fascination et de condamnation :

« Ces amphibologies sont estimees si frequentes entre les Grecs et Latins que les philosophes ont dit et jugé tous les mots du monde estre sujets à diverses interpretations » (Tabourot).

Ce goût prononcé du XVIe siècle pour les manipulations de lettres, l'anagramme, les langages cryptés, l'analogie, les équivoques invite souvent à une double lecture des textes.

II. — Antiquité du français

Le passé plus récent du français est au XVIe siècle matière à hypothèses variées : filiation grecque, « gaulois franconisé » pour l'auteur du *Dialogue sur la cacographie fransaize* (1579), langue romande (« gauloise corrompue par la possession des Romains et par les invasions ») pour Fauchet, ces deux dernières hypothèses principalement développées après la découverte en 1555 de l'existence du gotique (9). Pour Fabri (1521), notre langue est composée de termes dépendant du latin avec peu ou beaucoup de mutation, de mots imposés par nos premiers pères et d'emprunts à d'autres langues.

(9) Voir D. Droixhe, *La linguistique et l'appel de l'histoire (1600-1800)*, Genève, Droz, 1978, p. 52.

Le XVIe siècle découvre la parenté des langues européennes. Pour Van Gorp, les langues européennes et certains parlers de l'Inde ont une source « scythique ». Raphelengius, à la fin du siècle, montre des correspondances entre langues germaniques et persan, posant les fondements de l'indoeuropéen, mais la communauté d'origine est refusée par Joseph-Juste Scaliger, qui propose en 1555 la partition en quatre familles (romane-grecque-germanique-slave) et sept groupes mineurs : albanais, tartare, basque, hongrois, finno-lapon, irlandais, vieux breton (10).

Le Celthellénisme (11), réponse politique à la filiation latin-italien, provient du mythe de l'origine troyenne des Français, descendants de Francus, fils d'Hector, popularisée par les historiographes de la fin du XVe et du début du XVIe siècle.

Voir les ouvrages de Robert Gaguin, Jean Trithème, Lemaire de Belges, Jean Bouchet. Rabelais, dans le prologue du *Quart Livre*, évoque « Aesope le François. J'entens Phrygien et Troian comme afferme Max. Planudes : duquel peuple selon les plus veridiques chroniqueurs sont les nobles François descenduz. »

A côté de la théorie extrême d'une origine gauloise des Grecs et des Romains, soutenue par Postel ou Guy Le Fevre de La Boderie dans sa *Galliade* (1578), les rapports entre grec et français sont soigneusement mentionnés. Budé donne des étymons grecs dans son livre *De Asse* (1514) à certains noms de mesures parisiennes et, dans ses *Commentarii linguae graecae* (1529), à *dipner*, *exonerer*, *laper*, *galloche*, *pantoufle*, *agraphe*, *parler*, *car*..., Tory, dans le *Champ Fleury*, à *paradis*,

(10) Id., *ibid.*, p. 51-65.
(11) Voir pour les développements de ce mythe, C.-G. Dubois, *Celtes et Gaulois au XVIe siècle*.

ange, *cygne*. Des ouvrages sont spécialement consacrés à ces affinités :

Joachim Perion, *Dialogorum de linguae gallicae origine, eiusque cum graeca cognatione* (1555) ;
Jean Picard, *De prisca celtopaedia* (1556) ;
Henri Estienne, *Traicté de la conformité du language François avec le Grec* (1565) ;
Léon Tripault, *Celhellenisme, ou, etymologic des mots Francois tirez du graec* (1580).

L'hypothèse d'une transmission du grec par l'intermédiaire des druides qui l'auraient pratiqué, selon le témoignage de César, est couramment avancée. Bonivard remarque que l'existence des Massiliens qui parlaient le grec a laissé supposer sa généralisation en Gaule ; il n'y a guère que Mathieu pour invoquer le hasard dans certaines correspondances entre les deux langues.

Ces rapprochements avec le grec ont pour effet la valorisation des dialectes du français (dialectes qui sont plutôt des parlers régionaux). Elle est, dès 1529, un des éléments clés du plaidoyer de Tory pour la mise en règles du français :

« Nostre langue est aussi facile a reigler et mettre en bon ordre, que fut jadis la langue grecque, en laquelle y a cinq diversites de langage, qui sont la langue Attique, la Dorique, la Aeolique, la Ionique et la Comune... Tout ainsi pourrions nous bien faire, de la langue de Court et Parrhisiene, de la langue Picarde, de la Lionnoise, de la Lymosine et de la Prouvensalle. »

Selon Pasquier, la pureté de la langue française est éparse entre les divers dialectes et Ronsard cherche parmi eux une sorte d'archétype pour la langue actuelle. Il privilégie « le langage Wallon et Picard, lequel nous reste par tant de siecles l'exemple naïf de la langue Françoise » et veut remettre en usage les mots « les plus preignants et significatifs » des dialectes. Les grammairiens multiplient les références aux parlers régionaux, Sylvius à celui de Picardie, Meigret à celui du Lyonnais.

Par ailleurs, le passé médiéval du français est restitué, vraie richesse avec les dialectes pour Henri Estienne. Même si les auteurs ne distinguent pas toujours ce qui dans « l'antique facon de parler » appartient au XIIIe ou au XVe siècle (Fauchet, qui donne les termes du Serment de Strasbourg, fait toutefois preuve d'une remarquable perspicacité), ils recueillent les termes anciens en invitant à les utiliser. La Pléiade en fait un article de sa doctrine :

« ... tous ces vieux Romans, et Poëtes Francois, ou tu trouveras un Ajourner, pour faire jour (que les Praticiens se sont fait propre), Anuyter pour faire Nuyt. Assener, pour frapper, ou on visoit, et proprement d'un coup de Main, Isnel pour leger et mil autres bons motz, que nous avons perdu par notre negligence. Ne doute point que le moderé usaige de telz vocables ne donne grande majesté tant au vers, comme à la Prose : ainsi que font les reliques des Sainctz aux Croix, et autres sacrez Joyaux dediez aux Temples » (Du Bellay, *La Deffence et illustration de la Langue Francoyse*, 1549).

Si elle rejette la valeur littéraire des œuvres médiévales, elle considère le *Roman de la Rose*, par exemple, comme « une premiere imaige de la langue francoyse » (Du Bellay, *Deffence*). Plus tôt dans le siècle, des hommes comme Tory et Marot se sont intéressés à la langue médiévale. Tory dit avoir consulté avec son ami Massé des manuscrits du XIIe et du XIIIe siècle. Le lecteur moyen du XVIe siècle, si friand de mises en prose des romans de chevalerie ou de la version modernisée du *Roman de la Rose* attribuée à Marot (« bigarrure de Langage vieux et nouveau » selon Pasquier), fait ses délices de l'ancienne langue :

« Encores vaudroit il mieux, comme un bon Bourgeois ou Citoyen, rechercher et faire un lexicon des vieils mots d'Artur,

Lancelot et Gauvain, ou commenter le Romant de la Rose, que de s'amuser à je ne scay quelle grammaire latine qui a passé son temps » (Ronsard, préface de *La Franciade*, 1587).

Ce nationalisme linguistique permet d'affirmer l'autonomie du français face au latin et aux autres langues vivantes.

III. — Bilinguisme latino-gallique

Le latin, au XVIe siècle, soumis à des influences diverses, n'est pas uniforme. Au latin scolastique qui conforme sa syntaxe à celle du français et n'hésite pas à latiniser les mots vernaculaires, s'oppose un latin humaniste à la trompeuse unité. Certains veulent restituer à ce dernier sa pureté cicéronienne et en faire la langue savante européenne, acceptant les langues vernaculaires pour la communication courante, position tenue par exemple par Dolet, auteur tout à la fois d'un *Dialogus de imitatione ciceroniana adversus Desiderium Erasmum* (1535) et d'un *Orateur francoys*. A ces cicéronianistes (dont les plus extrémistes tiennent à une imitation exclusive de Cicéron), s'opposent les défenseurs du latin comme langue quotidienne qui, pour rester vivante, ne doit rejeter ni les archaïsmes, ni les emprunts au grec, ni le recours aux mots bas et aux néologismes, tel Erasme dans son *Ciceronianus* (1528) (12) qui devait entraîner la réponse de Dolet précitée.

Le latin est aussi divers dans sa prononciation. Erasme, dans son *De recta latini graecique sermonis pronuntiatione* (1528), préconise le rétablissement de la prononciation originale des langues anciennes et son unification, car Italiens, Anglais, Allemands,

(12) Voir J. Chomarat, *Grammaire et rhétorique chez Erasme*, Paris, Belles-Lettres, 1983, p. 815-840.

Espagnols, Hollandais, Français dont il relève les particularités phonétiques ont tous une prononciation corrompue et différente en fonction de leur propre système phonétique.

En France même, la prononciation du latin n'est pas unique. Avant Erasme, les humanistes avaient commencé à adopter la prononciation italienne du latin (la moins mauvaise selon Erasme lui-même), comme le montrent les nombreuses remarques de phonétique comparée de Tory qui dit, par exemple, que les Italiens « apres g et q prononcent beaucoup mieulx celluy u que ne font les Francois excepte ceulx qui ont frequente en Italie et sesforcent imiter les dits italiens » et souhaiterait « que fussions aussi diligens a acoustumer noz enfans a bien pronuncer que sont les Italiens ».

Il existe donc deux prononciations antagonistes : les tenants de l'ancienne, comme la Sorbonne, conservant « gothismes et barbarismes », les humanistes, comme les lecteurs royaux, adoptant une prononciation en partie restituée (et d'ailleurs non unifiée, puisque de nombreuses lettres sont en débat).

Comme témoins de la prononciation commune du latin, il suffit de mentionner les modernes *dicton* (pour *dictum*), *quiproquo* (pour *quid pro quod*) ou de citer ces équivoques de Tabourot :

Habitaculum = habit a cul long ;
ille tunc beatam caro sic lutum tue :
il est tombé à temps car aussi l'eut on tué ;
omnia tentate : on y a tant tasté ;
requiescant in pace : Ré, qui est-ce ?
— Quantin — Passez.

Les deux prononciations du latin ont pu être en conflit direct si l'on veut bien accorder un fond de vérité à l'anecdote rapportée en 1575 par Freigius, disciple de Ramus. En 1550, la prononciation de la lettre *q* aurait été objet de débat entre les professeurs du collège royal et les théologiens de la Sorbonne attachés à l'ancienne prononciation. Ces derniers prononçaient *kiskis*, *kankan*, là où les premiers avaient adopté *quisquis*, *quamquam*, et auraient enlevé ses bénéfices à un malheureux prêtre, coupable de nouvelle prononciation, si les professeurs royaux n'étaient venus le défendre devant le parlement !

Le latin est traditionnellement la langue par laquelle l'enfant fait connaissance avec l'écrit (et même pour certains comme Montaigne ou Henri Estienne leur langue maternelle). L'apprentissage de la lecture se fait généralement en latin avec les croix de par Dieu, les psaumes et les heures de la Vierge ; en pays protestant, le français est toutefois adopté et les abécédaires genevois ou lyonnais qui ont promu le calvinisme ont aussi contribué à la diffusion du français dans les pays de langue d'oc (13).

Les cours se font ordinairement en latin. Toutefois, au collège royal, Ramus, Forcadel et Le Roy utilisent le français et, au collège de la Trinité à Lyon, Charles de Saincte-Marthe en 1540 est dit enseigner les quatre langues : « hébraique, grecque, latine et gallicque ». (Les ouvrages pédagogiques de Robert Estienne montrent un mélange harmonieux entre latin et français.)

Dans la concurrence entre les deux langues, le latin apparaît souvent comme la langue de l'écrit, le français comme celle de l'oral. Erasme, dans son *Ciceronianus*, reconnaît que, dans les conseils, on parle français, qu'à l'église, on ne comprend pas le latin et que, dans les ambassades, celui-ci est réservé

(13) Voir F. Aquilon, De l'abécédaire aux rudiments : les manuels élémentaires dans la France de la Renaissance, *L'enfance et les ouvrages d'éducation*, Université de Nantes, 1983.

aux discours d'apparat. Avant même l'ordonnance de Villers-Cotterêts, certaines pièces rédigées en latin devaient être prononcées en français (14).

Par l'ordonnance de Villers-Cotterêts (1539), qui confirme les ordonnances royales de 1490, 1510 et 1535, préconisant le recours au « vulgaire du pays », il est stipulé, pour éviter toute « ambiguité », « incertitude » ou nécessité « d'interpretation » sur « l'intelligence des mots latins », que tous les actes judiciaires doivent être « prononcez, enregistrez et delivrez aux parties en langaige maternel françois ». L'ambiguïté de ces derniers mots qui éliminent le latin, mais non peut-être le recours aux dialectes, tolérés par les précédents textes royaux, a donné lieu à une discussion particulièrement fournie (15).

Mais de plus en plus le français s'affirme aussi comme justiciable des soins de l'imprimerie. Les chiffres suivants (16) sont significatifs de la rapidité de cette évolution. Pour la production parisienne en 1501, 8 livres sur 80 sont imprimés en français ; en 1528, 38 sur 269 ; en 1549, 70 sur 332 et en 1575, 245 sur 445.

Au rayon des libraires, les deux langues coexistent. Textes anciens en original ou en traduction. Textes contemporains écrits en latin, puis rapidement traduits, soit par autrui comme les ouvrages des médecins Rondelet ou Sylvius, soit par l'auteur même. Ainsi, c'est en latin que Calvin publie en 1536 son *Institution de la religion chretienne*

(14) Ch. Beaulieux, *Histoire de l'orthographe française*, I, p. 110.

(15) Voir, pour une récente mise au point, D. Trudeau, L'ordonnance de Villers-Cotterêts, Histoire ou interprétation, *Bibliothèque d'humanisme et Renaissance*, 45, 1983.

(16) Données empruntées à L. Febvre et J. Martin, *L'apparition du livre*, A. Michel, 1958, p. 442.

dont il donne en 1541 une version française. Claude de Seyssel translate de latin en français *les Louanges du Roy Loys XII*° en 1508, Symphorien Champier donne en 1532 *le Mirouel des Apothiquaires et Pharmacopoles* qu'il venait de publier en latin. A l'inverse, les textes peuvent être écrits en français, puis traduits en latin. La version latine du *Traicte de la grammaire françoise*, paru à Paris en 1557, est publiée en 1558, celle de *l'Usage du quarré geometrique* (1573) de Jean de Merliers en 1579.

Certains ouvrages affichent en page de titre leur référence aux deux langues. Ainsi est publié en 1555 l'*Hymne de Bacus* par Ronsard avec la version latine de Dorat. Des écrivains comme du Bellay, « poëte latin et françois », n'hésitent pas à utiliser l'une et l'autre langue, pour être assurés, peut-être, de n'avoir pas fait aux yeux de la postérité le mauvaix choix... et Ronsard aurait persévéré s'il n'avait dû reconnaître ses dons médiocres pour la composition latine.

Quand les auteurs formulent les raisons de leur préférence, ils justifient l'utilisation du latin par le souci de diffusion dans la république européenne des lettres, par le refus de vulgarisation né du désir de « cabaliser les arts » et de ne pas laisser aux ignorants la possibilité d'une interprétation qui ne serait pas guidée par les détenteurs du savoir comme l'explique Esprit Rotier, inquisiteur de la foi et humaniste, dans son *De non vertenda sacra scriptura in vulgarem linguam* (1548), dont le titre fait pendant à l'ouvrage de Dolet qui en ce domaine prône la langue vulgaire : *Exhortation à la lecture des sainctes lettres avec suffisante probation des docteurs de l'Eglise, qu'il est licite et necessaire ycelles estre translatees en langue vulgaire et mesmement en la françoise* (1542).

C'est particulièrement dans le domaine médical où la connaissance est l'apanage du pouvoir et dans le domaine religieux où le langage métaphorique de l'écriture sainte doit être interprété que la controverse sur l'emploi de l'une ou l'autre langue a été la plus forte. Dès 1523, toutefois, Lefevre d'Etaples avait traduit le *Nouveau Testament* et la traduction de la *Bible* par Olivetan avec une préface de Calvin paraît en 1535.

A l'opposé, l'adoption du français manifeste le souhait de faire accéder le plus grand nombre à la science et pour chaque lettré la possibilité d'étendre le nombre de ses lectures et de pouvoir se consacrer à la connaissance des choses plus qu'à la connaissance des langues. Elle tient aussi à la prise de conscience d'une impossibilité à rivaliser dans leur langue avec les Anciens et d'une nécessité de créer son propre idiome à l'instar des autres langues. Comme le dit Pasquier, « le grec s'est fait grand pour escrire en son vulgaire. Tel s'est aussi rendu le Romain ; et apres eux le Toscan ».

Le français s'imposera en fait comme la langue de la création littéraire (rejetant pour la postérité dans un injuste oubli les œuvres de néo-latin) (17), et dans la seconde partie du siècle, il s'étendra aux disciplines techniques (on suivra discipline par discipline ses progrès dans le chapitre de Brunot consacré à « l'émancipation du français »).

IV. — Classement vernaculaire

Selon Fauchet, les langues se renforcent à mesure que les princes qui en usent s'agrandissent et il

(17) Voir pour les rapports entre latin et culture vernaculaire, *Neolatin and the vernacular in Renaissance France*, éd. G. Castor et T. Cave, Oxford, Clarendon Press, 1984.

regrette que l'extension de la langue française soit plus limitée qu'antérieurement. Elle reste toutefois en usage dans les cours d'Angleterre, d'Allemagne, d'Espagne (elle est par exemple la langue maternelle de Charles Quint).

La diffusion européenne de cette langue d'échanges est souvent soulignée. Le Flamand Mellema, dans l'épître dédicatoire de son dictionnaire flamand-français (1591), la compare à l'hébreu, au grec et au latin et remarque qu'elle est « la plus commune, la plus facile, voire la plus accomplie de toutes autres en chrestienté ».

Elle n'a guère de rivale que l'italien avec qui elle entretient des rapports conflictuels. La *Concorde des deux langaiges* (1513) de Lemaire de Belges et les ouvrages d'Henri Estienne, *Deux dialogues du nouveau langage françois italianizé et autrement desguizé* (1578) et *Project du livre intitulé De la precellence du langage François* (1579), marquent deux attitudes face à l'italien.

L'ouvrage de Lemaire de Belges, où les préoccupations politiques ne sont pas absentes, offre les termes de conciliation d'un débat sur la prééminence du français ou du toscan ; il leur reconnaît même origine et même mérite :

> « Plusieurs nobles hommes de France, frequentans les Ytalles, se delectent et exercitent oudict langaige toscan a cause de sa magnificence, elegance et doulceur, et daultre part les bons esperitz ytalicques prisent et honnourent la langue francoise et se y deduisent mieulx quen la leur propre, a cause de la resonance de sa gentillesse et courtoisie humaine. »

et pour mettre en pratique cette union, il rime la première partie de son traité en « vers tiercetz, à la fasson ytalienne », et l'autre à la française en alexandrins.

La présence des armées françaises en Italie, de colonies italiennes à Lyon, a permis d'étroits contacts entre les deux langues. Mais, si Lemaire de Belges s'en réjouit, les italianismes, au milieu du siècle, sont l'objet de critiques aussi bien de Du Bellay que de son censeur Barthélemy Aneau qui, dans le *Quintil horatian* (1550), dénonce « les corruptions italiques » et, quelques décennies plus tard, Henri Estienne lance de virulentes charges contre la cour italianisée sous l'influence de l'entourage de Catherine de Médicis. Son premier ouvrage prend à parti le courtisan qui défigure le français et les nombreuses expressions empruntées de l'italien ; le second établit les raisons de la précellence du français sur l'italien qui n'est, pour Tabourot, que la « corruption Latinogotisée du langage Romain ».

Mais, par-delà les rivalités, il faut remarquer les emprunts réciproques et la part des théoriciens italiens dans la réflexion sur la langue française. Du Bellay a, pour sa *Deffence et Illustration de la Langue francoyse* (1549), utilisé jusqu'au plagiat le *Dialogo delle lingue* (1542) de Sperone Speroni ; Daniel d'Augé, dans ses *Deux dialogues de l'invention poetique* (1560), a copié les *Dialogi della inuentione poetica* d'Alessandro Lionardi (1554) ; Peletier s'est inspiré de l'art poétique de Vida ; le premier manuel français d'art épistolaire ajouté par Fabri à sa rhétorique (1521) est redevable aux *Epistolae* du Vénitien Franciscus Niger. Louis Meigret, dans son projet de réforme orthographique, a pu être influencé par Giangiorgio Trissino (18)

(18) Voir pour Du Bellay et Meigret, P. Villey, *Les sources italiennes de la Deffense et Illustration de la Langue Francoise*, Paris, Champion, 1908 ; pour Daniel d'Augé, A. Gordon, *Ronsard et la*

et les discussions sur la « vraie naifueté de notre langue » s'inspirent peut-être du débat italien (commencé au XIVe siècle, avec Dante, Pétrarque et Boccace) sur le statut de la langue vulgaire : retour à la langue toscane du XIIIe siècle, langue mêlée comme celle de Dante, langue née de la fusion des dialectes dont Castiglione dans *Il cortegiano* (1524), traduit en français dès 1537, fait l'idéal ?

C'est au roi que Luigi Alamanni, installé à la cour et qui avait assisté aux débats sur la langue vulgaire auxquels participaient Machiavel et Trissino, a dédié en 1533 ses œuvres. Un exemplaire de la première édition du plaidoyer pour la langue vulgaire, *Prose della volgar lingua* (1525) de Bembo, qui traite de l'excellence du toscan et formule les règles d'une poétique, d'une rhétorique et d'une grammaire en langue vulgaire, est relié aux armes de François Ier.

Rhétorique, p. 19 ; pour Fabri, G. Gueudet, Archéologie d'un genre : les premiers manuels français d'art épistolaire, *Mélanges Saulnier*, Droz, 1983, p. 93. Des investigations systématiques devraient encore réduire la part d'originalité des théoriciens français.

Chapitre II

CODIFICATIONS

Les langues évoluent dans le temps et sont soumises aux fluctuations dans l'espace, comme le montre bien Bovelles. La codification, seule, pourrait en partie retarder cette dégénérescence. Tory remarque, en 1529, que, non réglé, le français se pervertit de cinquante ans en cinquante ans et, plus d'une cinquantaine d'années plus tard, Montaigne lui fait écho :

« J'escris mon livre à peu d'hommes et à peu d'années. Si ç'eust esté une matiere de durée, il l'eust fallu commettre à un langage plus ferme. Selon la variation continuelle qui a suivy le nostre jusques à cette heure, qui peut esperer que sa forme presente soit en usage d'icy à cinquante ans ? Il escoule tous les jours de nos mains et depuis que je vis s'est altéré de moitié. Nous disons qu'il est à cette heure parfaict. Autant en dict du sien chaque siecle » (Montaigne, *Essais*, III, IX).

Mais le latin, lui-même, n'a été fixé que pour un court laps de temps et ses règles ne reflètent qu'un aspect de la langue romaine. Entre les variétés du français, est-il possible d'en ériger une en modèle pour la postérité ? Comme le demande Bovelles, même s'il récuse la possibilité d'une réponse : « Dans quelle région de France, placer l'archétype de la langue française dans son ensemble ? » Y a-t-il un lieu du bon usage ?

Dans la première moitié du siècle, la cour du roi et son parlement sont le plus souvent désignés (par Tory, Marot ou Du Bellay par exemple), Mais, dans la seconde partie du siècle, on n'octroie guère ce privilège qu'au parlement, la cour du roi ayant pactisé avec le compétiteur italien. Pasquier déplore que le courtisan, « aux mots douillets », « ait transformé la pureté de nostre langue en une grammaire toute effeminée » et Henri Estienne dénonce « le language François bigarré » qui change de livrée à la fantaisie de « Monsieur le courtisan » ou de « monsieur du palais ». (Le concept de bon usage de la cour qui suppose une unification n'était d'ailleurs peut-être qu'illusoire. Des Autels, en 1550, décrit la cour comme « un monstre de plusieurs testes et consequemment de plusieurs langues, et plusieurs voix ».) Nombreux sont alors ceux qui pensent comme Pasquier que la pureté de la langue « n'est restrainte en un certain lieu ou pays, ains esparce par toute la France ».

Par ailleurs, l'idéal de pureté est souvent en contradiction avec l'usage auquel la communication sociale oblige à se soumettre. « Il nous convient parler selon le langaige usité » est la conclusion de l'épisode rabelaisien de l'écolier limousin qui contrefaisait le français, et la suprématie horatienne de *l'usus* « quem penes arbitrium est et ius et norma loquendi » (*De arte poetica*, v. 72) est dans tous les esprits.

La toute-puissance de l'usage est reconnue par Ramus, qui rappelle après Platon, Aristote, Varron et Cicéron, que « le peuple est souverain seigneur de sa langue » et qui souhaite aux rudiments de sa grammaire de 1562 d'être augmentés « d'infinis exemples et vrai usage lequel tu te proposeras beaucoup plus à bien coucher par ecrit que toutes les regles de grammaire que l'on pourroit inventer ». Mais il s'efforce d'appliquer à la grammaire, comme à l'ensemble des arts, sa méthode qui se caractérise par la règle de l'universalité décroissante, démarche qui conduit du général au singulier (1). Les règles se doivent d'être en petit nombre, brèves et d'une extrême extension dans leur application.

Dans l'établissement de la norme apparaît un difficile équilibre entre l'usage et la raison. Peut-on dégager des règles générales (2) ? Est-il possible de proposer quelque rationalisation pour un usage aussi divers ? Ne peut-on être tenté, pour l'unification du paradigme, de reconstituer des formes idéales, comme on a pu le reprocher à Sylvius, ou, au contraire, de céder à la tentation facile du simple catalogue ?

En fait, le codificateur, qui a à sa disposition des usages divers, n'hésite pas à recourir à telles formes régionales qui lui paraissent plus adaptées ; il peut ainsi faire jouer les mécanismes de l'analogie et l'on assiste à une diversité des systématisations individuelles aussi bien en grammaire, en orthographe, en lexicographie qu'en poétique et rhétorique.

I. — Constitution de la grammaire française

La grammaire pour les humanistes inclut, conformément aux enseignements de Quintilien, Diomède ou Donat et contrairement aux grammaires médié-

(1) Voir N. Bruyère, *Méthode et dialectique dans l'œuvre de La Ramée*, Paris, Vrin, 1984.

(2) Pour les langues anciennes, comme le souligne G. Clerico, *Histoire, épistémologie, langage*, 1983, s'opposaient Valla, Erasme ou Budé qui ne jugeaient pas essentiels une classification, et Scaliger, Ramus ou Sanctius, théoriciens d'une *ratio grammatices*, obsédés par le classement qui respecte les idiotismes.

vales, l'explication des auteurs (3). C'est cependant ici dans son sens étroit que sera évoquée la naissance de la grammaire française.

Avant les ouvrages de Palsgrave, *Lesclarcissement de la langue francoyse* (1530) et de Sylvius, *In linguam gallicam Isagωge, unà cum ejusdem Grammatica latinogallica* (1531), des rudiments de grammaire française se trouvaient dans les manuels composés pour des étrangers ou dans des grammaires latines par commodité pédagogique. La référence à la structure d'une autre langue était donc prégnante et les deux premiers ouvrages qui fondent la grammaire française tiennent de cette double orientation. La grammaire de Palsgrave est une grammaire en anglais, la grammaire de Sylvius en latin est *latinogallica.*

La première grammaire à être rédigée en français est celle de Louis Meigret, *Le trętté de la grammęre françoęze* (1550) ; lui succède le *Traicte de la grammaire francoise* (1557) de R. Estienne, qui dit avoir pris la plume sur la plainte de ceux qui déplorent les nouveautés de Meigret (en particulier orthographiques) et les picardismes de Sylvius et avoir ordonné la matière « à la maniere des grammaires Latines ». En 1562, Ramus donne la première édition de sa *Grammere* qu'il remanie en 1572. Ce sont au XVIe siècle les trois grands noms de la grammaire française en langue vernaculaire ; après Ramus et jusqu'à la grammaire de Port-Royal, les ouvrages en français sont essentiellement des manuels écrits par des régents, des praticiens, des maîtres d'école ou des grammaires destinées aux étrangers (4).

Toutefois, parallèlement, des grammairiens conti-

(3) Voir J. Chomarat, *op. cit.*, p. 183.
(4) Voir J.-Cl. Chevalier, *La notion de complément chez les grammairiens, 1530-1750*, p. 412.

nuent à rédiger des grammaires françaises en latin, tels Jean Pillot, *Gallicae linguae institutio* (1550), Jean Garnier, *Institutio gallicae linguae* (1558), Antoine Cauchie, *Grammatica gallica* (1570, 1576), et R. Estienne, en 1558, traduit la sienne pour l'intelligence des étrangers.

Le souci de l'inventaire et la fixation de règles dans une perspective d'organisation aristotélicienne où priment la symétrie et la hiérarchisation (5) sont les caractéristiques de la grammaire formelle qui a, en Ramus, un de ses plus brillants représentants. Elles se fondent essentiellement sur des associations mécanistes.

La grammaire est composée, selon Ramus, de deux parties : étymologie et syntaxe ; l'étymologie déclarant les propriétés des lettres, syllabes et mots et correspondant donc à la phonétique et à la morphologie. Dans les premières grammaires, la syntaxe est surtout considérée comme « une utilisation de la machinerie des formes » (6), et la grammaire de Sylvius ne peut guère être tenue que pour une « étymologie », même si le désir de calquer le français sur le latin (son dessein est de raviver l'éclat originel de la langue française et de lui faire retrouver une partie de sa pureté primitive) conduit son auteur à un découpage par syntagmes.

Dans cet ouvrage, les changements phonétiques du latin au français sont traités sur le modèle des transformations phonétiques en latin (comme pouvait les présenter le *Catholicon*) :

« O Latini in a interim vertunt, ut amo amaui Creo creaui. Ita in caeteris ferē primae conjugationis Similiter etiam Galli nonnunquam o in a commutant ut, Babylon urbs, babylard. Octoginta octante Domina dame. »

(5) Id., *ibid.*, p. 131.
(6) Id., *ibid.*, p. 725.

Suit conformément aux grammaires latines une analyse des huit parties du discours (nom, pronom, verbe, adverbe, participe, conjonction, préposition, interjection) avec maintien d'une déclinaison en français.

La grammaire de Palsgrave, aux riches répertoires de formes, étudie le français à la lumière de rapprochements avec l'anglais, ce qui lui permet d'éliminer la déclinaison et de faire preuve d'un formalisme fonctionnel, puisque la langue est tenue pour cohérente et formée d'éléments à fonctionnement analogique (7).

Meigret ajoute aux huit parties du discours les articles et n'hésite pas à souligner les différences entre latin et français. Pour la syntaxe, il ne la poursuit, comme il le dit, « que par rencontres » et ne lui consacre que 3 pages finales (sur 290), mais, sur de nombreux points, il offre des vues originales (sur la transitivité par exemple) et, débarrassé du modèle latin, il laisse libre cours à sa réflexion, écrivant par exemple un chapitre sur la mélodie de la phrase qu'il matérialise par des portées.

Mais le nom de Meigret est surtout attaché à sa tentative de graphie phonétique. Pour la méthode grammaticale, s'impose plutôt celui de Ramus, ce professeur d'éloquence et de philosophie au collège royal, qui a tenté une systématisation que l'on a pu comparer aux tentatives ultérieures de Port-Royal ou de l'*Encyclopédie*.

Celui qui avait déjà écrit une *Dialectique*, une grammaire latine et une grammaire grecque, et distinguait la *ratio* « dialectique » et l'*oratio* « grammaire et rhétorique », utilise pour étudier la gram-

(7) Id., *ibid.*, p. 169.

maire, par laquelle on connaît « la pureté de la diction » et « la composition de l'oraison », des démarches structurales. Les tableaux dichotomiques fournis par P. Thevenin dans la traduction latine et annotée (1585) qu'il fait de la grammaire de Ramus de 1572 permettent de mettre en valeur les rigoureuses divisions, comparables à celles que Ramus donne pour la *Dialectique* et à celles que Fouquelin ajoute à la fin de sa rhétorique écrite dans la perspective ramiste.

Même s'il n'a pas écrit une grammaire en bonne et due forme et s'il illustre la tendance au catalogue, il faut encore signaler les travaux d'Henri Estienne, où abondent les remarques grammaticales. Le *Traicte de la conformité du langage François avec le Grec*, pour chaque partie du discours (nom, pronom, verbe, participe, article, adverbe, préposition, conjonction) rend compte de la conformité du français avec le grec ; les *Deux dialogues du françois italianisé* (1578), et les *Hypomneses de lingua gallica* (1578) livrent à leur lecteur de fines analyses ponctuelles.

II. — Normalisation orthographique

Plus que dans le domaine grammatical, c'est dans la normalisation orthographique qu'innove la réflexion linguistique du XVIe siècle. L'instauration des signes auxiliaires, la distinction du *i* et du *j*, du *u* et du *v* confondus dans la graphie, le débat sur l'orthographe phonétique, les propositions de systèmes graphiques cohérents datent du XVIe siècle.

Cette attention à la forme des mots est un important sujet de préoccupation à partir des années 1530. Ramus remarque en 1572 que « depuis quarante ans enca, ce proces pour vrayement escripre, a esté sur le bureau ».

Les accents, l'apostrophe, le tréma, la cédille sont l'œuvre de la première génération des grammairiens français. En 1530, l'accent aigu est introduit en français par R. Estienne, le tréma par Palsgrave, la cédille par Tory, en 1531, l'accent grave, l'accent circonflexe, l'apostrophe par Sylvius.

Ces signes sont dans leur principe rapidement adoptés, même si, dans la pratique, il y a quelques hésitations d'emploi.

L'accent aigu marque pour R. Estienne seulement le [e] final alors que d'autres l'utilisent pour *és*, *ées*. Sa présence à l'intérieur des mots est sporadique ; Sébillet, en 1548, écrit *aisément*, *éstimée*.

L'accent grave (que l'on généralise pour la distinction des homonymes, *à*, *où)* sert pour Sylvius à noter le [ə], pour Peletier, en 1550, les quantités de voyelles (son affectation à la marque [ɛ] ne date que du XVIIIe siècle). L'accent circonflexe est utilisé par Sylvius pour les anciennes diphtongues *(maî, fleûr)*, par les auteurs de la *Briefve Doctrine* comme « signe de conjonction » *(vrai^ment)*.

Palsgrave fait du tréma le signe du son [y] *(aigüe)* ; Sylvius dote d'un point chacune des voyelles en hiatus *(tràir)*.

La cédille (*z* souscrit), d'origine espagnole, apparue pour la première fois dans l'impression du *Sacre et coronnement de la Royne*, a vraisemblablement été empruntée par Tory à un de ses confrères parisiens spécialisés dans l'impression de livres d'Heures en espagnol ; la traduction par Herberay des Essarts de l'*Amadis de Gaule* commandée par François Ier a assuré à partir de 1540 à ce signe une diffusion rapide qui permet à Peletier de dénoncer en 1550 comme opiniâtres ceux qui la négligent (Rabelais, qui avait un temps préféré le *z* adscrit *(leczon)*, alors que d'autres font usage de *ce (lancea)*, se rallie en 1552).

Certains signes auxiliaires ne sont pas retenus ultérieurement : le ɇ proposé en 1533 pour la synalèphe et adopté par de nombreux poètes *(esperancɇ en)* ; le ę cédillé employé par Meigret *(fęre)* ; le e̓ à crochet cher à Sébillet *(te̓l)* (8).

La *Briefve doctrine pour deuement escripre selon la proprieté du langaige françois* (1533), attribuée à Tory et Marot, systématise les utilisations des accents, du tréma, de l'apostrophe, de la cédille, leur donnant, sauf pour cette dernière, la caution des Anciens ; elle rencontre un vif succès dans les ateliers.

En 1540, l'ouvrage de Dolet, *La maniere de bien traduire d'une langue en aultre. D'advantage De la punctuation de la langue Francoyse. Plus. Des accents d'icelle*, reprend, pour la codification de l'accentuation, les enseignements de la *Briefve doctrine*, et connaît une grande vogue qu'attestent les multiples rééditions supplantées à la fin du siècle seulement par l'adaptation qu'en fait Claude Mermet dans sa *Pratique de l'orthographe françoise* (1583).

L'opuscule de Dolet eut une grande influence dans les ateliers non seulement pour la normalisation de l'accentuation, mais aussi pour celle de la ponctuation.

Une étude comparative portant sur les signes de ponctuation dans les éditions, non revues par l'auteur, du *Pantagruel* et du *Gargantua*, antérieures

(8) Voir pour ces signes auxiliaires, Ch. Beaulieux, *Histoire de l'orthographe française*, t. II.

et postérieures à 1540, permet de relever à partir de cette date un accroissement significatif du nombre et des emplois de la virgule, en accord avec les multiples attributions que Dolet reconnaît au « point à queue ».

C'est au XVIe siècle qu'apparaissent les guillemets (dans le *Champ Fleury* (1529)), et le trait d'union, avec deux variantes : le macaph — emprunté à l'hébreu par Olivetan pour sa *Bible* (1535) et l'hyphen ⁀ qu'utilise Robert Estienne, suivant la tradition latine (9).

Par ailleurs, c'est entre 1530 et 1540, sous l'influence de l'italien, que le point-virgule, signe de ponctuation forte, en vient à marquer une ponctuation moyenne. Avec la présence du point d'exclamation qui, vers les mêmes dates, remplace le point d'interrogation dans certains de ses emplois, la langue française se trouve dotée à la fin du second quart du XVIe siècle de l'ensemble de ses signes de ponctuation moderne.

Denis Sauvage, dans sa traduction des *Histoires* de Paul Jove (1552), a proposé « deux nouvelles marques de ponctuation » pour une meilleure intelligence des longues phrases « entremeslees » de Jove : la parenthesine ( ) et l'entrejet ; ;. Si cette idée n'a eu aucune postérité, elle atteste toutefois une attention minutieuse portée à l'organisation logique de la phrase.

A la ponctuation du XVIe siècle, on a fait une réputation de « fantaisiste », par laquelle les éditeurs modernes justifient leur habitude de modernisation. Or cette ponctuation est beaucoup plus régulière qu'on a bien voulu le dire (« une punc-

(9) Voir N. Catach, *L'orthographe française à l'époque de la Renaissance*, p. 81.

tuation bien gardée, et observée sert d'une exposition en tout œuvre », dit Dolet) et partie prenante dans la mise en règles du français comme le montrent les créations précédentes.

Mais elle peut au même titre que l'orthographe, en cette période de recherches normatives, obéir à des systèmes individuels qui se superposent et s'opposent au fil des éditions (l'usage étant au XVIe siècle, pour une nouvelle édition, de reprendre le texte d'une impression précédente) et donner, si l'on s'en tient à une édition particulière, l'illusion de l'anarchie (ce qui inviterait dans une critique idéale des textes à soumettre l'examen de la ponctuation aux mêmes exigences que celui des variantes de langue).

L'exemple des éditions de Rabelais est à cet égard significatif. Pour la période de 1546-1553, l'examen de 20 000 signes de ponctuation dans 21 éditions du *Tiers livre* et du *Quart livre* montre une variation globale de l'ordre de 3,5 % (0,8 % pour les éditions avec participation de l'auteur, 3,2 % pour les copies et 7,5 % dans les éditions avec correcteurs qui modifient aussi la langue de l'auteur).

C'est essentiellement sur la virgule qu'ont porté les différends. Les limites de la phrase ne sont que peu affectées par les variations de la ponctuation, même chez les correcteurs les plus hardis.

Les majuscules sont également l'objet de normalisation. Une addition à la fin d'un manuscrit de la *Briefve doctrine* par Jean Salomon codifie les emplois de la majuscule, selon un usage que leur auteur donne comme imité des Grecs et des Latins et qui affecte toutes « les dictions denominatives ».

« comme seroient noms et surnoms d'hommes et de femmes... Et noms de toutes especes de Bestes... De tous Oiseaux...

Et de toutes manieres de Poissons... Et de tous metaux... De tous noms de Villes Chasteaux Maisons de Terres Vignes, bois, etc... Et de toutes autres sortes de choses portant denomination... »

Les variantes des éditions de Rabelais attestent une attention toute particulière aux catégories d'emploi et l'on peut supposer qu'il en est de même pour d'autres auteurs (là encore une normalisation moderne hâtive peut masquer des recherches individuelles).

Si, pour tous les signes auxiliaires, pour l' « orthotypographie » (pour reprendre le terme de N. Catach), une sorte de consensus est rapidement assuré (aussi bien parmi les théoriciens, les auteurs que les imprimeurs), il n'en est pas de même pour les modifications de lettres.

Ainsi l'adoption du *j* et du *v*, proposée au milieu du siècle pour résoudre l'ambiguïté des lettres *i* et *u* qui correspondent aux voyelles [i] [y] et aux consonnes [ʒ] et [v] ne se généralise qu'au XVIIe siècle.

Comme l'a montré N. Catach (10), *j* n'est qu'un *i* long utilisé dans certains manuscrits *(nj)*, *v* une variante graphique à l'initiale dans des textes en caractères romains *(vn, viure)*. Tandis qu'en Espagne et en Italie, les théoriciens ont adopté au XVe siècle les systèmes distinguant voyelles et consonnes, Sylvius pour les consonnes propose *u-* et *i-*. Meigret, en 1542, utilise le *j*, suivi par Peletier en 1550 et par Ronsard dans *les Hymnes* en 1555. Le *v* est employé en 1550 par Peletier à l'initiale. En 1558, les *Œuvres* de Marot, publiées par J. de Tournes, généralisent pour les minuscules l'emploi du *j* et du *v* ; les *Scholae grammaticae* de Ramus en 1559 pour les majuscules, ce qui a valu

(10) Id., *ibid.*, p. 312.

à ces lettres le nom de lettres ramistes. Toutefois, leur généralisation fut lente et N. Catach relève que, sur 164 imprimeurs étudiés, 56 seulement dans la seconde partie du XVIe siècle font usage de cette distinction.

Quant à l'adéquation entre phonèmes et graphèmes, elle est l'objet d'un débat particulièrement nourri au XVIe siècle. L'on s'accorde à reconnaître que notre orthographe est « communément superflue et trop abondante ». François Ier, lui-même, selon le témoignage de Meigret, débattait de cette superfluité des lettres.

La démarche de Sylvius en 1531 pose le problème et offre une solution (irréalisable toutefois dans sa complexité par le double code qu'elle suppose) en adoptant un double système : la ligne inférieure correspondant à l'étymologie, la ligne supérieure à la prononciation :

« Alen$\overset{s}{c}$on, id est Alenconium vrbs

po$\hat{i}\overset{ss}{c}$er, id est picare

$\overset{h}{c}$eu-al, id est caballus

li$\overset{s}{g}$ons, id est legamus ».

H. Estienne, en 1565, dans le *Traicte de la conformité du language François avec le Grec*, présente une position assez voisine puisqu'il dit avoir eu dessein de faire faire des poinçons spéciaux pour les lettres superflues dans la prononciation. (*Les lois, Statuts et Ordonnances Royauls* de A. Burrier (1542) exponctuent les lettres quiescentes et le *French Littelton* (1576) de Claude de Saint-Liens les marque d'une petite croix.)

En fait, la synthèse entre la diachronie où l'orthographe se veut miroir de la parole originelle et la synchronie où elle refléterait la parole actuelle est chimérique. Les positions se révèlent souvent irréductibles et, au milieu du siècle, les querelles sont virulentes, comme celle qui oppose Meigret et Des Autels et qui fournit une abondante littérature :

Traite touchant le commun uságe de l'escriture francoise, fait par Loys Meigret Lyonnois, auquel est debattu des faultes et abus en la vraye et ancienne puissance des letres (1542) ;
Traité touchant l'ancien orthographe françois contre l'orthographe des Meygretistes par Glaumalis du Vezlet (1548) ;
Defęnses de Louís Meigręt touchant son orthographíe Françoęze, contre les ççnsures ę calomnies de Glaumalis du Vezelet, ę de ses adherans (1550) ;
Replique aux furieuses defenses de Louis Meigret (1551) ;
Reponse de Louís Meigręt a la dezesperée repliqe de Glaomalis de Vezelęt transformé ęn Gyllaome dęs Aotels (1551) ;

ou plus feutrées entre tenants d'une réforme comme Peletier et Meigret :

Apologię a Louis Meigręt lionnoęs (1550) ;
La Reponse de Louís Meigręt à l'apolojié de Iaqes Pelletier (1550).

Les réformateurs souhaitent, comme l'écrit Meigret, « fęre qadrer lę̓ lettres, ę l'ecrittur ' ao' voęs, ę a la prononçíaçíon sans avoęr egart ao'loęs sophistiqes de' deriuęzons ę differęnçęs ». L'orthographe doit refléter la parole et l'écriture actuelle se révèle corrompue « tant par une superfluité de lettres qe par la confuzion de leur puyssançe ».

Sont particulièrement en cause :

— Les lettres quiescentes qui s'étaient multipliées :

- par souci étymologique *(subject)* ;
- par souci de régularisation morphologique (*temps* par rapport à *temporel*) ;
- pour la distinction des homonymes *(vingt, vint)*, habitude particulièrement répandue à cause de

l'absence de distinction entre *u* et *v*, et *i* et *j* (*uit* écrit *huit* pour ne pas le confondre avec *vit*) et à cause de l'écriture rapide des praticiens qui tendaient à confondre les séries de jambages (*iuer* graphié *hiuer* pour éviter la confusion avec *mer*, *peult* avec *l* pour le distinguer de *pent*) ;

- pour la résolution de l'ambiguïté de certains graphèmes. Tel le *e* qui avait entraîné le doublement des consonnes pour marquer le son [ɛ] *(cette)* ; l'utilisation du *s* pour le [e] non tonique *(esglise)*, pour le [ɛ] tonique *(ceste)*.

— Les graphèmes polyvalents comme

e correspondant à [ə], [ɛ], [e] *(celebre)*
c à [k] ou [s] *(car, cent)*
g à [g] ou [ʒ] *(garde, genre)*

— La multiplicité des graphèmes pour un phonème comme

x, s et *z (beaux, chers, enfanz)*
an et *en (sans et sens)*
ain et *ein (plain et plein)*
i et *y (amytye)*

(l'usage de ce dernier signe ornemental et diacritique (pour éviter les confusions de jambages) s'était particulièrement répandu en moyen français et est par exemple utilisé par R. Estienne en finale après voyelle *(moy)* ou à l'initiale pour éviter la confusion *u/v* : *yuer*, *yure*).

Les tenants de l'usage opposent aux prétentions réformistes qui restreignent le graphème à sa fonction de phonogramme, ses autres fonctions : marque de l'origine, marque de la « dérivaison » (fonction de morphogramme dans la terminologie moderne), distinction des homonymes (fonction de logogramme). Ils mettent en avant les variations de la prononciation sujette au temps et aux lieux et le souci de différenciation de graphèmes voisins.

Dans son souci de simplification, la génération de 1550, qui utilise les signes auxiliaires introduits par la génération précédente, supprime les consonnes superflues, tend à n'employer qu'un graphème par phonème en spécialisant les graphies déjà existantes, comme le montrent les exemples suivants :

> « Conoęssez donq messieurs qe mon ecritture n'ęt pas fętte de ma seule fantazíe, ę qe je l'ey poursuyvy selon l'ançien ę simpl'observaçíon dę'lęttres, sans m'amuzer a je ne sey qęlles supertiçieuzes nouvęlles regles fondées sur le comun abus tant de la prononçíaçíon latine, qe Gręcque, q'on fęt aojourdhuy, qe sur l'ecritture Françoęze » (Meigret).
>
> « I'è, antrɇ autrɇs chosɇs, pris grand plęsir a voę̀r la peinɇ quɇ tu prans a restituer notrɇ Ecritturɇ : Laquelɇ dɇ fęt ęt si corrompuɇ, e represantɇ si peu cɇ qu'ęllɇ doę̀t representer qu'on la peùt ręsonnablɇmant comparer a unɇ robɇ dɇ plusieurs piecɇs mal rapporteɇs, ayant l'vnɇ manchɇ longuɇ e largɇ, l'autrɇ courtɇ e etroęttɇ : e les cartiers çan dɇvant dęrriere... » (Peletier).

Les grammairiens de 1570 qui évitent toute controverse innovent en matière de caractère. Ramus s'efforce de n'utiliser qu'un monogramme par phonème :  pour *au*,  pour *eu*,  pour *ou*, ç pour [ʃ], ḷ pour [λ], ṇ pour (ɲ). J. A. de Baïf, qui milite en faveur d'une orthographe simplifiée pour le vers mesuré, très proche de l'usage de Baïf, développe l'emploi des lettres grecques (*ω* pour *o*).

Seul, Rambaud, dans sa *Declaration des abus que l'on commet en escrivant, et le moyen de les eviter, et representer nayvement les paroles : ce que jamais homme n'a faict* (1578), crée un alphabet entièrement nouveau de 52 lettres : (42 masles (les consonnes), 7 femelles (les voyelles), 3 neutres (aspiration, sifflement, nasalisation). Pour lui, la syllabe est le résultat du mariage « d'un masle et d'une femelle », ce qui lui fait noter d'un monogramme les groupes consonne + liquide et constituer des séries cohérentes :

q = b, g = bl, ℊ = br

T = t, J = tl, 𝒥 = tr.

Par rapport aux systèmes de Meigret ou Peletier, ces nouveautés obligent leurs auteurs à présenter au lecteur des traductions. Ramus, comme Rambaud, donne le même texte en façon vulgaire et en « escripture grammairienne ».

Ces systèmes n'emportent pas l'acquiescement. A leur contraire, l'orthographe de Joubert est présentée comme ne tranchant pas les lettres, ne les chargeant pas d'accents, ne les marquant pas de « crocs » autrement que le commun. Et c'est la position moyenne qui triomphera.

Dans ces essais de normalisation de l'orthographe, la diversité d'approches est remarquable. Les systèmes sont multiples et ne restent pas limités à quelques ouvrages théoriques. Les auteurs ont pris parti, en ont parfois changé, s'expliquent assez souvent dans leurs préfaces ou réservent au lecteur le soin de la reconstitution.

Ainsi, Rabelais a laissé aux lecteurs des éditions revues par ses soins, la découverte d'un système orthographique complexe intitulé « censure antique » en tête du *Tiers livre* de 1552.

Pour lui, certaines graphies sont les témoins de l'origine antique latine : *home*, *medicin*, *ae*, ou grecque : *dipner*, *poine* ; d'autres proviennent de la fusion de deux formes existantes : *dours*, *houster*, *feueille*.

Le principe de dérivation morphologique tend à donner du radical une image immuable conformément à l'hébreu : *oeilz*, *genoilx*, *darriere*, *dauant*. Des concurrences de graphies permettent de distinguer les mots qui ont conservé leur intégrité phonétique et ceux qui sont corrompus par l'évolution phonétique : comme *ant* et *ent* /ou *g* et *gu* (dont le chapitre XL du *Quart livre* illustre la règle avec ses *Guaillardon*, *Gualimafré* qui s'opposent au seul *Gabaonite* (tiré du latin *Gabaonites*) (11).

Ronsard, lui, qui s'est inspiré de Sébillet, Peletier et Meigret à qui il rend hommage dans l'avertissement des *Odes* de 1550, et qu'il aurait suivi sans réserve, n'eût été l'avertissement de ses amis qui lui ont opposé « le vulgaire, l'antiquité et l'opiniatre avis de plus celebrés ignorans de nostre temps », s'enorgueillit d'être allé plus loin que ce dernier en supprimant cet « epovantable crochet d'y » ; il souhaite la création de caractères pour [ʎ], [ʃ], [ɲ], élimine de la finale le *x*, le *z*, certaines consonnes superflues et doubles, et refond « dans la propre forge Françoise » ce « monstre et geant » d'*hymne* en *hinne*. L'*Abbregé de l'Art poetique* de 1565 conserve le souvenir théorique de ces tentatives de réforme phonétique que Ronsard néglige après 1556.

Du Bellay avoue pour la *Deffence* avoir « plus suyvuy le commun, et antiq' usaige que la raison ». Montaigne, lui, adopte dans la graphie de ses manuscrits des particularités proches de celles de son ami Peletier, mais, pour les éditions de son œuvre, dit inviter son imprimeur à suivre « l'orthografe antiene ».

La pluralité des systèmes donne une impression

(11) Voir M. Huchon, *Rabelais grammairien*, Genève, Droz, 1981.

de graphies arbitraires, d'autant que, dans une même édition, peuvent coexister pour un même mot des graphies diverses. Mais il s'agit le plus souvent de superposition de systèmes différents, l'auteur tentant d'imposer ses particularités, l'imprimeur ou le prote lui substituant les siennes ; dans une chaîne d'éditions, les graphies originales de l'auteur tendent ainsi à disparaître et, en fin de compte, la norme orthographique appartient aux ateliers, à ces compositeurs qui ont retenu les simplifications, les améliorations apportées par les signes auxiliaires (12), mais ont refusé toute transformation radicale ou systématisée.

III. — Naissance de la lexicographie française

Les dictionnaires du français datent du XVIe siècle, mais les dictionnaires de langue sont alors bilingues ou plurilingues, les dictionnaires monolingues n'apparaissant qu'au siècle suivant (13). Pour son *Dictionaire Francoislatin contenant les motz et manieres de parler François tournez en Latin* de 1539 (9 000 entrées environ et des définitions latines), Robert Estienne, le père de la lexicographie française, n'a eu qu'à retourner son *Dictionarium latinogallicum* paru l'année précédente et qui expliquait en français bon nombre de mots latins (dans un souci d'illustration du français, puisque l'auteur dit avoir

(12) Selon N. Catach, *op. cit.*, p. 252, qui distingue des orthographes archaïque, ordinaire, ordinaire modernisée, particulière et une orthographe de Ronsard, 43 % des imprimeurs font usage d'une orthographe simplifiée. Pour Ch. Beaulieux, notre orthographe actuelle est un mélange de celles de Ronsard et de Robert Estienne.

(13) Voir à ce propos B. Quemada, *Les dictionnaires du français moderne, 1539-1863, étude sur leur histoire, leurs types et leurs méthodes.*

voulu apporter les ressources de la langue latine dans l'usage de notre langue, exposer les richesses cachées de celle-ci et déclarer ses ornements). Cette première édition était destinée à « la jeunesse françoise ». En fait, elle s'adressa à « tous desirants entendre la propriété de la langue Francoyse ».

Dans la seconde édition de son *Dictionaire François latin* (1549), R. Estienne augmente le nombre (13 000 entrées) et le corps de ses articles de remarques étymologiques ou normatives en français, comme le font aussi les réviseurs des éditions suivantes, Jacques Dupuys et Jean Thierry pour l'édition de 1564, Jacques Dupuys et Jean Nicot pour celle de 1573 ; il a également emprunté un certain nombre d'explications à Budé et les a marquées de la lettre B ; elles concernent souvent la langue juridique et pourraient devoir leur présence à un souci d'aider les juristes dont le français n'était pas la langue maternelle, après l'ordonnance de Villers-Cotterêts (14).

En 1606 paraît le *Thresor de la langue françoyse tant ancienne que moderne* de Jean Nicot qui multiplie les observations linguistiques et encyclopédiques. S'il fait des rapprochements avec les autres langues romanes, il n'abandonne pas pour autant le latin et reprend souvent textuellement les rubriques de R. Estienne. Il « constitue le texte le plus hétéroclite de la lexicographie française » (15), mais crée « l'article lexicographique avec ses séquences autonymes, métalinguistiques et encyclopédiques » (16). Le dictionnaire de R. Cotgrave, *A dictionarie of the French and English Tongues*

(14) Voir T. Wooldrige, *Les débuts de la lexicographie française*, p. 73.
(15) Id., *ibid.*, p. 235.
(16) Id., *ibid.*, p. 292.

(1611) offre quelque 40 000 entrées et des définitions en anglais.

Par ailleurs, le XVIe siècle compte de nombreux dictionnaires bilingues français-langues vivantes. « Les dictionnaires bilingues des principales langues européennes étaient publiés avant 1600 » (17).

Pour les dictionnaires plurilingues, développés à partir de la fin du XVe siècle, le XVIe siècle se caractérise par une inflation du nombre des langues. Ainsi, en 1546, paraît un *Dictionnaire des huit langaiges c'est à scavoir Grec, Lat. Flam. Franç. Esp. Ital. Angl. et Aleman.* Les augmentations successives du Calepin qui en 1502 concernait seulement le latin et le grec font en 1585 un *Dictionarium undecim linguarum.*

A côté de ces dictionnaires de langue, existent de nombreux autres dictionnaires des choses du langage : synonymes, rimes, proverbes, épithètes, étymologies, ou de certaines spécialités : botanique, zoologie, arts, théologie, philosophie, médecine, chimie.

IV. — Poétique et rhétorique

François Ier est présenté par ses contemporains comme le « restaurateur de la rhetorique » ; pour lui, les « estudes dits d'humanité » consistaient en rhétorique et poésie, selon le témoignage de Du Verdier. La première rhétorique du français date de son règne. Œuvre de Pierre Fabri, le *Grant et vray art de pleine rhetorique* (publié en 1521 et réimprimé cinq fois jusqu'en 1544), comporte une « rhetorique prosaique » et un « art de rithmer ». Il existait au XVe siècle des Arts de seconde rhéto-

(17) B. Quemada, *op. cit.*, p. 50.

rique, répertoires de formes (rimes et poèmes) qui seront remplacés au milieu du XVIe siècle par des arts poétiques français (placés à partir de 1541 sous le patronage d'Horace, puis de 1560 sous celui de la *Poétique* d'Aristote et qui se constituent en genre particulier et affichent souvent l'ambition d'être valables dans leurs principes pour toutes les langues). Mais il n'y avait pas de rhétorique française.

C'est dans la seconde moitié du XVe siècle que la rhétorique latine s'est développée dans l'enseignement. Guillaume Fichet (qui a introduit avec Jean Heylin l'imprimerie à Paris en 1470) commence ses cours vers 1453 et publie en 1471 une *Rhetorica* ; Tardif est autorisé par la Sorbonne en 1484 à dispenser un enseignement de rhétorique et, en 1535, les professeurs de grammaire et de rhétorique de la Sorbonne acquièrent les mêmes droits que les professeurs de philosophie.

Les étudiants du XVIe siècle ont entre autres à leur disposition, en latin, les ouvrages de Cicéron, la *Rhetorica ad Herennium*, le *De institutione oratoria* de Quintilien, la rhétorique d'Aristote et un certain nombre de rhétoriques scolaires, compilations de rhétoriques antiques (tels les ouvrages de Vivès, Georges de Trebizonde, Melanchton, Agricola). (Voir A. L. Gordon, *Ronsard et la rhétorique*, p. 11-15.)

S'inspirant de la rhétorique latine, après avoir passé en revue les cinq parties de la rhétorique : invention, disposition, élocution, mémoire, prononciation, Fabri différencie les trois manières de parler, et analyse les divisions du discours, avant de traiter plus particulièrement de certaines d'entre elles dans les trois genres (délibératif, « judicial » et démonstratif) et d'une façon plus générale des couleurs de rhétorique. Il ajoute une longue partie concernant les épîtres et lettres missives, premier manuel français d'art épistolaire.

Si les lettres missives sont une adaptation d'un célèbre manuel d'épistolographie italien du XVe siècle (voir *supra*,

p. 27), les épîtres semblent regrouper « des préceptes dispersés dans divers "artes" de l'automne médiéval, comme la répartition des lettres en trois classes selon la hiérarchie des correspondants qui vient du plus vieux fonds du "dictamen" ou leur distribution en trois genres "de doctrine, de jeu ou de gravité" » (G. Gueudet, *op. cit.*, p. 93).

L'ouvrage, tout imprégné des enseignements de Cicéron, de Quintilien et de Tardif, est riche de remarques stylistiques.

Ainsi, pour Fabri, l'art d'abréger est aujourd'hui le plus plaisant ; après avoir remarqué que si l'on s'adresse à des « grans gens et clers », l'on doit élégamment abréger, à de simples gens, accroître, il détaille les procédés d'allongement : interprétation (« Jesus Christ nasquit de Marie » devenant « Nostre sauveur et redempteur Jesus pour nostre salutation est né de la très sacree glorieuse vierge Marie »), circonlocution, comparaison, prosopopée, digression, démonstration, réduplication, adjonction d'adjectifs, « saillie de son histoire à quelque aultre de semblable propos ».

Fabri souligne l'importance traditionnelle de la hiérarchie des styles et rapproche les « trois manieres de parler de toutes matieres » aux « trois manieres de substance ».

Les hautes et graves substances concernent la théologie, les arts libéraux, la politique ; les moyennes et familières, l'économie publique et privée, le commerce et les finances ; les basses et petites, la famille, la maison, les petits enfants, fleurettes, bergers, vaches... Les hauts termes qui s'approprient aux hautes matières peuvent s'employer pour les moyennes substances (pour les basses, seulement par ironie), les moyens termes sont applicables à toutes les substances, les bas aux basses substances, mais peuvent s'élever jusqu'aux moyennes. Trois écueils sont à éviter : pour les hauts termes, le langage enflé ; pour les moyens, le langage dissolu et fluctuant ; pour les bas, le langage maigre et frivole.

Les superlatifs correspondent aux hauts termes, les comparatifs aux hauts et moyens, les positifs aux moyens et bas, les diminutifs aux bas.

La convenance des termes au sujet est donc primordiale. Pour le lecteur moderne, il importe de toujours prendre en considération les rapports du terme et de la « substance » ; l'absence d'adéquation étant riche d'enseignement sur le dessein de l'auteur. (Ainsi, par exemple, N. du Fail joue ironiquement de ces décalages dans les *Propos rustiques.*)

Voir à propos de cette tripartition des styles, la classification des *Tragiques* donnée par d'Aubigné : le premier livre est d'un style bas et tragique, le deuxième et le troisième d'un style moyen satyrique, le quatrième d'un style tragique moyen, les trois derniers d'un style tragique élevé.

Pour J. P. Houston, *The rhetoric of poetry*, 1983, l'œuvre de Scève s'apparente à la fameuse roue de Virgile avec des ouvrages en bas style pastoral, en style moyen et en haut style épique. L. Terreaux a mis en valeur « le style bas des Continuations des Amours », *Lumières de la Pléiade*, Paris, Vrin, 1966, p. 313-342.

La seconde rhétorique française, celle d'Antoine Fouquelin (1555), est une adaptation française de la *Rhetorica* d'Omer Talon qui avait été un grand succès de librairie, puisque, de 1548 à 1555, on compte 12 éditions. Aux exemples latins sont substitués des exemples français tirés pour l'essentiel des œuvres les plus récentes de poètes contemporains : Ronsard, Du Bellay, Baïf, Marot... ; la prose a une place réduite avec des exemples d'une traduction d'Amyot et de la *Deffence* de Du Bellay. Comme chez Talon, la rhétorique est, dans une perspective ramiste, réduite à l'élocution (divisée en tropes et figures) et à la prononciation et devient ainsi l'apanage de l'analyse stylistique (18); alors que le premier livre de la rhétorique de Pierre de Courcelles en 1557 ne traite que de l'invention.

(18) Voir K. Meerhoff, *Rhétorique et poétique au XVIe siècle en France*, p. 234-261.

- **Trope**
  - metonymie
    - de la cause pour l'effet
    - de l'effet pour la cause
    - du sujet pour la circonstance
    - de la circonstance pour le sujet
  - ironie
    - simple
    - continue
      - à laquelle il faut referer la preterition
  - metaphore
    - des choses divines
    - des elements
    - des plantes
    - des sens
    - des metiers
      - à laquelle il faut referer
        - catachrese
        - hyperbole
        - allegorie
        - aenigme
  - Synecdoche
    - de la partie pour le tout
      - du membre pour la chose entiere
      - de l'espece pour le genre
    - du tout pour la partie
      - de la chose entiere pour le membre
      - du genre pour l'espece
- **Figure**
  - de diction apelée nombre : qui se fait ou
    - Par observation de syllabes au vers françois de
      - deux, trois, quatre, cinq, six, set, huit, dix — syllabes
      - douze apelez alexandrins
    - par l'armonie de semblables sons repetes ou
      - en certain lieu et ordre
        - epizeuxe
        - anaphore
        - epistrophe
        - epanalepse
        - epanode
        - anadiplose
        - gradation
      - en incertain lieu et ordre
        - paronomasie
        - polyptote
  - de sentence qui gist en
    - demande
      - optation
      - deprecation
        - imprecation
        - salutation
      - addubitation
      - communication
    - responce
      - permission
      - concession
    - demande avec response
      - prolepse ou subjection
    - fiction que nous pouvons appeler prosopopeie
      - droite
        - continue
      - oblique
        - dialogisme
    - interruption
      - digression
      - apostrophe
      - reticence
      - correction
        - longue
        - breve comme une parenthese
    - amplification
      - exclamation
      - sustentation
      - licence

prononttiation qui gist en	vois laquelle il faut sohaiter pour bien proferer les	figures	de diction de la sentence
		affections de l'oraison pleine de	courroux plaintes menaces joye fascherie
		tons et accents de l'oraison	grave aigu circonflexe
	geste et bonne contenance		de tout le corps des parties singulieres

Tableau donné par A. Fouquelin.

Les rhétoriques d'Amyot et de Forget composées pour le roi Henri III sont restées inédites au XVIe siècle. L'ouvrage du Du Vair, *De l'eloquence françoise* (1590), fournit presque exclusivement des modèles d'art oratoire.

Il importe dans les textes de saisir l'impact de ces rhétoriques, des remarques concernant l'usage des figures (comme cette double classification des tropes pour Fouquelin selon « la splendeur de la signification » (métaphore, ironie, métonymie, synecdoche) et selon l'usage (synecdoche, métonymie, métaphore, ironie)). Elles proposent à l'analyse littéraire de remarquables outils d'investigation.

La classification des textes littéraires selon les genres de la rhétorique peut éclairer certains desseins (19). Ainsi, dans l'œuvre de Ronsard, on peut rattacher au genre délibératif le *Discours à la royne*, la *Continuation du discours des miseres de ce temps* et la poésie amoureuse, au genre démonstratif les odes et hymnes et au genre judiciaire la *Responce aux injures* (20), genre qui, selon Daniel d'Augé, peut servir aux poètes tragiques et

(19) Voir à ce propos, A. Kibedi Varga, *Rhétorique et littérature, Etudes de structures classiques.*

(20) A. L. Gordon, *Ronsard et la rhétorique*, et La rhétorique délibérative chez Ronsard, *Mélanges Saulnier*, Droz, 1984, p. 377.

héroïques. Aux trois genres traditionnels, Melanchton, dans ses *Elementa rhetorices* de 1531, ajoute « le genre didascalique » (21) auquel les auteurs du XVIe siècle font souvent référence.

Les analyses de texte que font les contemporains sont rhétoriques. Ainsi en est-il de l'analyse de la *Deffence* que Barthélemy Aneau donne dans le *Quintil Horatian* ou des « Annotations de l'artifice rhetoric » qu'il ajoute à sa traduction d'une épître de saint Euchier (1552) (22). Ces termes *d'artifice rhetorique* se retrouvent en titre du commentaire que Pantaleon Thevenin donne en 1582 de l'*Hymne de la philosophie* de Ronsard « Auquel, outre l'artifice Rhetorique et Dialectique François est sommairement traicté de toutes les parties de philosophie ». Cette explication rhétorique occupe une place importante dans le genre du commentaire de poésie qui se constitue en France avec en 1553 le commentaire de Muret sur la seconde édition des *Amours* de Ronsard et en 1560 celui de Belleau sur le *Second livre des Amours* (23).

Le XVIe siècle multiplie les jugements stylistiques sur les auteurs de l'Antiquité. En 1575, Vigenère regroupe dans un même ouvrage des traductions de Cicéron, César et Tacite, « comme pour un essay de representer en nostre langue la diversité des styles Latins ». Les préfaces des traductions insistent sur les traits stylistiques de l'auteur traduit.

L'existence des traductions est particulièrement propice à l'étude des structures de la phrase et des particularités stylis-

(21) K. Meerhoff, *op. cit.*, p. 137.

(22) Voir K. Meerhoff, Defense du *Quintil Horatian*, *Rapports*, LI, 1981, p. 173-180.

(23) Voir les éditions critiques de ces commentaires parues chez Droz en 1985 et 1986.

tiques, permettant de déterminer les réactions d'un auteur devant un code différent du sien. Cl. Buridant (Blaise de Vigenère, traducteur des Commentaires de César, *Travaux de littérature et de linguistique*, 1982, I, p. 101-133) a mis en valeur la propension chez Vigenère à étager la phrase, à subordonner en substituant des relatives aux indépendantes, en faisant usage de struments variés, « ciment entre les moellons », à multiplier les binômes synonymiques. R. Lebègue a souligné le souci de certains traducteurs après 1550 de reproduire le style des auteurs qu'ils traduisent : style philosophique de Léon L'Hebreu, expressions psychologiques de Plutarque, épithètes et images homériques.

Les débats stylistiques de l'Antiquité retrouvent une nouvelle actualité, ainsi celui qui oppose atticisme et asianisme. Les Atticistes reprochaient de son vivant à Cicéron une composition relâchée, un style ardent, des répétitions et digressions inutiles, un abus de la plaisanterie. Une controverse sur le style oppose Erasme et Budé (24). Selon Le Roy (25), son biographe, le style de Budé est ample, abondant, riche en sentences rares, figures, métaphores et allégories, périodes amples, néologismes forgés souvent à partir du grec. Par ailleurs, le débat entre l'amplification et l'abréviation, initié par Erasme dans son *De copia* (26), anime le siècle (27).

Les jugements portent aussi sur le style des contemporains. Pasquier mentionne l'appréciation de ceux qui jugent le style de Du Bartas « trop enflé » et invite tout particulièrement à la lecture du huitième livre de la traduction de l'*Amadis de Gaule* où l'on peut « cueillir toutes les belles fleurs de nostre langue françoise ». Pour Du Verdier, dont la *Bibliothèque* (1585) est riche en critiques

(24) Voir M. Fumaroli, *L'âge de l'éloquence*, p. 448.
(25) Voir L. Le Roy, *Vita Guglielmi Budaei*, 1540, p. 25.
(26) Voir J. Chomarat, *op. cit.*, p. 711-843.
(27) Voir T. Cave, *The cornucopian text*.

stylistiques, Ronsard, par exemple, a enrichi notre langue de mots propres et de comparaisons singulières incomparables, « car il represente si naifvement par ses vers, à l'esprit de celuy qui lit les choses qu'il decrit, qu'il semble qu'on les voye et qu'on y soit ».

Deimier note, en 1610, qu' « aujourd'hui les plus celebres ecrivains pour la prose, ont un stile clair, doux et majestatif, et du tout vuide de figures estranges, de poinctes affectees, et de paroles hors de propos hautaines et inconnuës, comme autrefois ceste vaine façon d'escrire estoit et se trouve encore affectueusement pratiquee par quelqu'uns ». A propos d'une consolation de Malherbe, il oppose le traitement poétique qu'en aurait fait Du Monin qui n'aurait pas manqué de périphraser les noms propres et de « metaphoriser à perte de veue tous ces autres verbes qui representent les effects de l'ennuy et de l'amour ».

A côté des styles individuels, on met en avant les particularités stylistiques de certains genres. Au tout début du siècle, l'Infortuné, auteur du traité de seconde rhétorique qui suit le *Jardin de plaisance*, dit que pour faire des chroniques, des histoires ou des mystères, il faut donner à chacun un langage approprié. Barthélemy Aneau, dans le *Quintil Horatian*, remarque que la *Deffence et Illustration* est une épître de genre doctrinal et que cette « prose didascalique » ne saurait être surchargée des figures et des périphrases qu'affecte Du Bellay. Télin prétend dans son *Bref sommaire des sept vertus, sept arts liberaux, sept ars de poesie* (1533) que, dans son livre, il n'y a pas « forme de rethorique a cause que sentences philosophales et matieres de la foy ne se pevent pas coucher en stille d'orature ». Du Bartas est obligé de rétorquer à ses censeurs qui lui reprochent de ne s'être pas conformé aux règles du poème épique formulées par Aristote et Horace, que sa « seconde sepmaine » n'est pas purement épique, mais en partie panégyrique, en partie prophétique, en partie didascalique.

M. Fumaroli a montré l'importance du style de parlement (tenu pour haut lieu de l'éloquence) caractérisé au XVIe siècle par la sobriété et le « souci vétilleux de la précision des termes et de l'exacte adéquation de la forme au sujet traité » (28) et les modifications qui l'affectent au cours du siècle, avec l'essor et le déclin de la « rhétorique des citations ». Les plus récents travaux ont mis en évidence la dette de Montaigne à ce « style de parlement » (29).

A. Lorian, *Tendances stylistiques dans la prose narrative française du XVIe siècle*, a dégagé pour la prose narrative, comme tendances générales, l'emphase (abus des évaluations quantitatives et mots forts, expressions intensives et superlatives, renforcement par l'énumération, insistance répétitive et pléonastique, mise en vedette, image hyperbolique, épithète grandiloquente), l'imbrication (par coordination, subordination, corrélation) et la stéréotypie.

Subordinations, constructions synthétiques se multiplient à la fin du premier demi-siècle, et A. Lorian oppose les textes d'avant 1550, où les techniques d'imbrication sont assez simples — corrélation, indications temporelles, comparaisons banales, formules stéréotypées de renvoi, construction linéaire des participes, subordonnées et relatives, « répétition périodique d'un petit nombre de types de phrases peu développées et préfacées obstinément par les inévitables car, et, or, si ; alors, adonc ; et quand, quand... si ; a quoy, parquoi, ce que voyant » (p. 283) et ceux d'après 1550 où il y a alourdissement de la phrase par une subordination savante et des rallonges artificielles et stéréotypées.

Pontus de Tyard relève en 1573 la « mutation du style poetique » depuis trente ans (alors que

(28) M. Fumaroli, *op. cit.*, p. 439.
(29) M. Fumaroli, *op. cit.*, p. 465, et A. Tournon, *Montaigne, la glose et l'essai*, Presses Universitaires de Lyon, 1983.

Du Monin célèbre ceux qui ont connu la poétique d'Aristote). H. de Crenne (1538) parlait déjà de « stile poetique ». François Habert en 1542 utilise, le premier, l'expression de *prose poetique* dans le titre de son ouvrage *La contemplation poetique*, « le tout en Prose poëtique cueillie au jardin de rhetorique et de poësie. »

Se pose avec la prose poétique le problème des rapports entre poésie et prose, prose peu développée puisqu'au milieu du siècle, Des Autels (tout comme Le Roy) regrette la rareté des « proses françoises de notre invention » (mis à part « l'institution de Budé et quelques œuvres de theologie ») et souhaite que naissent des historiens, des orateurs et des philosophes.

Cette prose poétique se caractérise pour l'élocution par la recherche de termes rares et savants, l'abondance des épithètes et un ordre des mots non usuel (rejet du déterminé après le déterminant, verbe postposé à son régime), selon R. Sturel, la prose poétique dans la prose française du XVIe siècle, *Mélanges Lanson*, 1922, p. 47-60 ; par l'emphase et l'amplification selon A. Lorian, La phrase poétique dans la prose française du XVIe siècle, *TLL*, 1973, 1, p. 435-444. Dans les origines de cette prose, peuvent être invoqués une imitation de la prose littéraire italienne (attentive au choix du vocabulaire et à l'ordre des mots), les nombreuses versions en prose des poèmes épiques qui conservent certains procédés du langage versifié et, selon R. Aulotte, Jacques Amyot et la formation de la prose littéraire française, *TLL*, 1980, p. 49-56, l'imitation de la prose cicéronienne et le désir de rivaliser par des artifices de style avec la poésie. La recherche du vocabulaire (mais aussi la rareté de l'inversion) était également le fait de Lemaire de Belges à propos duquel des Autels se demande : « Quel bon cerveau recevra en prose les prolixes descriptions poétiques ? »

Les relations entre rhétorique et poétique, soulignées déjà par Fabri, le sont aussi par les auteurs des arts poétiques qui n'hésitent pas à composer des parties sur l'invention ou la disposition et considèrent qu'entre l'orateur et le poète, il n'y a que des différences concernant le choix des mots, la contrainte des nombres ou l'ornementation, suivant en cela les enseignements d'Aristote et de Cicéron. Des Autels, dans l'ouvrage qu'il dit préparer sur l'élocution française, veut montrer les différences des figures entre les langues anciennes et le français, l'observation des nombres en prose et les figures propres au vers ou à la prose.

Aneau reconnaît au poète « un style plus haut monté que la pedestre et simple prose des philosophes ». Ronsard invite pour déterminer le bon vers à le désassembler. « Si tu trouves apres tel desassemblement de la ruine du bastiment, de belles et excellentes paroles, et phrases non vulgaires, qui te contraignent d'enlever ton esprit oultre le parler commun, pense que tel vers sont bons et dignes d'un excellent poete. » La convenance est le maître mot dans le choix des termes ; les enseignements de Cicéron ou d'Aristote dans sa rhétorique sur la propriété des termes font raison. Il faut, selon Aristote, pour la prose, user des métaphores, des mots propres et des mots usuels ; comparaisons et périphrases, plus poétiques, doivent être en nombre limité. Mais prose et poésie se retrouvent dans le nombre (30) et l'harmonie. Fouquelin allie prose et poésie dans la figure de « diction apelée nombre qui se fait ou par observation de syllabes au vers français » ou « par l'armonie de semblables sons repetes ».

Aussi bien en prose qu'en poésie, au XVIe siècle, l'unité supérieure reconnue du styliste est la phrase : « Tout argument, et discours de propos, soit ora-

(30) Voir K. Meerhoff, *op. cit.*, pour la transposition de la théorie classique du nombre oratoire à la prose et à la poésie du vulgaire et sur les glissements de sens du mot « nombre ».

toire, ou poetique, est deduit par periodes » (Dolet) : elle ne doit par sa longueur excéder « l'aleine de l'homme », deux ou trois membres pour Dolet, quatre alexandrins pour Amyot ; Du Vair (1610) joint un critère logique au critère oratoire en mentionnant « ce que l'aleine peut porter ou ce que l'esprit peut comprendre » et l'auteur de la *Rhetorique francoise faicte particulierement pour le roy Henry III* (31) tient pour un juste milieu, entre d'une part les périodes « d'une briefveté affectée ressentant son laconisme », incapables de porter les belles fleurs d'éloquence, figures et variations, donnant un « stille esmeu et austere tenant du stoïque » et, d'autre part, les trop longues périodes « redontantines laches et avallez » et qui, prononcées à plusieurs haleines, sont « vagues, disjointes et demenbrées et n'ont ainsy estendues au long, nerf ni pesanteur ».

L'ordre des mots se doit aussi bien en prose qu'en poésie de conserver sa suite naturelle. Ronsard le dit dans la préface posthume de la *Franciade* et l'auteur du traité de rhétorique précité prescrit de « faire les clauses soutenues, et periodes claires et intelligibles, sans entrelacer les mots les uns entre les autres, hors leurs ordre et suite naturelle ». Pour Fabri, le langage doit « fluer de mot en mot et le principal verbe ne doit point être « loing de la sentence a la difference du latin ». Selon Meigret, « le stile Françoęs se ranje beaocoup mieus qe le latin » à « l'ordre de nature » :

« Car lę' Latins prepozet communemęnt le souspozé ao vęrbe, luy donans ęn suyte le surpozé. par ce moyen le passif qi par l'ordre de nature dút ętre le dęrnier ęn claoz' ęt le

(31) Publiée par G. Camus, *Memorie della Regia Academia di Modena*, 1887.

premier ęn prolacíon : ę le surpozé le dęrnier, qi par ręzon dút ętre le premier : d'aotant qe l'ajant ęt par ręzon pręçedant lacçíon, ę passion, come duqel ęt le comęnçement du mouvement.... Lę Latins outreplus prepozet lę' caozes aoz effę́s : la ou nou'narons le plus souvent lę́ fęs ęn premier lieu, puis nou'venons ao' caozes : ę combien q'ęllęs sǫét avant qe lęs effés ; ils sont toutefoęs premiers ao sęns de l'home. »

Pour la recherche de l'harmonie, l'auteur du traité de rhétorique pour le roi Henry III et Ronsard ont des préoccupations précises : le premier recommande de fuir « la rencontre de plusieurs mots rudes et pierreux, comme de ceulx qui commencent par ceste lettre R », il proscrit l'hiatus (car « les dictions n'ont point un son sollide, ferme et rempli, si les voielles ne sont liees avecques leurs consonnes, comme la chaus avec le sablon, ou ciment »), le sifflement des S, T, Z, la multiplication des monosyllabes. Pour Ronsard, « A, O, U et les consonnes M, B et SS finissantes les mots, et sur toutes les RR qui sont les vrayes lettres héroïques sont une grande sonnerie et batterie aux vers ». Peletier, suivant l'Italien Vida, prône l'harmonie imitative en recommandant une expression vive des choses par les mots, en réservant aux « soudaines et hastives » les mots « brefs et legers », aux « pesantes », « les longs et tardifs »...

Certains procédés, favoris au XVIe siècle, sont communs à la prose et aux vers, tel le redoublement dû à un souci de gloser un mot rare ou à des raisons d'euphonie. Courant dans la langue des traducteurs, il est par ailleurs largement représenté. A. Lorian, *op. cit.*, p. 75, a pu établir des classifications d'auteurs de prose narrative en fonction de la fréquence des redoublements. Hélisenne De Crenne, Boaistuau, Jeanne Flore et Brantôme remportent les premières places ; Nicolas de Troyes, Pierre Sala, Bonaventure des Périers, et Tabourot les dernières. Dans la langue poétique, L. Terreaux, *op. cit.*, p. 548, a relevé leur fréquence chez Lemaire de Belges, Heroët, Mellin de Saint-Gelays, Marot. Mais Ronsard, à partir de 1555, tend à les éliminer de son œuvre comme le font aussi dans leurs corrections Amyot et Montaigne pour qui prime la fonction d'emphase et de rectification par reprises. Cl. Buridant, Les binômes synonymiques, *Bulletin du Centre d'Analyse du Discours*, 1980, 4, a montré comment dans l'histoire du redoublement, on est passé d'un rôle d'explicitation conceptuelle à une réitération tautologique (avec de nombreuses formules stéréotypées) et que cette prééminence de l'ornementaire sur le documentaire entraînera la condamnation de la redondance au XVIIe siècle.

Il faudrait pouvoir faire le départ entre les tendances générales de la langue au cours du siècle et les usages propres à certains genres, à certains groupes, suivre l'émergence et la généralisation de certains procédés, souligner les emprunts aux traductions d'auteurs latins, grecs ou italiens, reprendre les monographies consacrées au style de tel ou tel auteur. L'on retiendra que le XVIe siècle a conscience de la propriété des mots, de l'unité et de l'harmonie de la phrase et qu'ils sont nombreux dans la seconde partie du XVIe siècle à partager le jugement de Du Verdier sur les caractéristiques du français : « ... en est-il de plus noble, plus humain, plus persuasif, plus doux, et amiable ? » Capable de marquer toutes les affections de l'âme, d'une douce harmonie, il sait se faire « attique par longues sentences », ou « laconien par sentencieuse brieveté ». « Les paroles courent l'une apres l'autre sans presse aucune bien jointes : toute l'oraison egalement continuee, nette, polie : les clauses bien troussees, nombreuses et bien sonnantes. »

CHAPITRE III

VOCABULAIRE

I. — « Des moz et de l'eleccion et innovation d'iceus »*

Le XVIe siècle est une période de création verbale sans précédent. Pour les contemporains, la perfection de la langue se mesure à l'étendue de son vocabulaire. « Plus nous aurons de mots dans notre langue plus elle sera parfaicte » (Ronsard, *Abbregé de l'art poetique*). La richesse de la langue consiste « en fertilité de dictions, sinonymes et locutions diversifiees » selon Gruget, le traducteur des dialogues de Speroni (qui dès 1551 relève l'emprunt qu'en a fait Du Bellay).

L'ouvrage de W. Kesserling, *Dictionnaire chronologique du vocabulaire français. Le XVIe siècle*, donne une idée, année par année, des nouveautés lexicales apportées par le XVIe siècle. Le grand dictionnaire d'E. Huguet fournit les termes ou les sens aujourd'hui disparus.

Dans la nécessité d'imposer de nouveaux mots aux choses nouvelles, les arts et techniques sont évidemment concernés en premier lieu (la pauvreté du vocabulaire technique est souvent déplorée, obligeant les auteurs d'ouvrages scientifiques à multiplier les commentaires et les gloses), mais

* Titre d'un chapitre de *L'art poetique* de Peletier (1555).

aussi tous les domaines de la pensée. A propos d'*ocymore* et d'*oligochronien* qu'il aurait souhaité pouvoir employer, Ronsard regrette l'absence de terme dans la langue courante pour « exprimer » sa « conception ».

Même si certains comme Mathieu pensent qu'il n'est pas utile que tout art ait un lexique en français, l'invitation d'Horace dans son art poétique (en accord avec l'enseignement des rhéteurs) ne peut qu'encourager ces créations :

> « Or si tu veux nouveaux motz faire naistre
> Il te convient bien modeste et fin estre
> Loué sera si d'un mot de saison
> Tu en fais un par bonne liaison
> Qui soit nouveau. S'il faut que tu reveles
> Par nouveauz moz choses toutes nouvelles,
> Feindre pourras termes qui n'ont été
> ditz ni congnuz par l'ancienneté
> et te sera permise et approuvee
> La nouveaute sobrement controuvee.
> Les moz nouveaux et naguere tissuz
> Seront en pris pourvu qu'ils soient issuz
> Des moz latins sans trop les desguiser. »

Peletier du Mans, *L'Art poetique d'Horace* (1541).

Chacun n'hésite pas à se faire imposeur de nom. Dans le domaine scientifique tout comme dans le domaine littéraire, les néologismes se multiplient. La Pléiade défend la théorie de l'innovation et de la spécificité du vocabulaire poétique, même si, avant elle, un poète comme Scève a provoqué la critique à cause de « la rudesse de beaucoup de mos nouveaus » ou si l'on condamne comme « vice d'innovation » certaines créations des grands rhétoriqueurs. Ce souci hautement affiché conduira aux excès d'un Du Bartas ou d'un Du Monin dénoncés par Deimier.

Les théoriciens se trouvent confrontés au problème de l'attitude à adopter par le traducteur devant un terme qui n'a pas de correspondant en français :

— Laisser le mot tel quel et en fournir l'équivalent par périphrase :

« Et ne les doit retarder, s'ilz (les fideles traducteurs) rencontrent quelquefois des motz qui ne peuvent estre receuz en la famille Francoyse : veu que les Latins ne se sont point eforcez de traduyre tous les vocables grecz, comme rhetorique, musique, arithmetique, geometrie, phylosophie, et quasi tous les noms des Sciences, les noms des figures, des herbes, des maladies, la sphere et ses parties, et generalement la plus grand' part des termes usitez aux sciences naturelles et mathematiques. Ces motz la donques seront en nostre langue comme etrangers en une cité : auxquelz toutesfois les periphrazes serviront de truchementz. Encores seroy je bien d'opinion que le sçavant translateur fist plus tots l'office de paraphraste que de traducteur » (Du Bellay, *Deffence*).

— Le franciser par assimilation aux normes phonétiques et morphologiques :

« Les moz ampruntèz sɇ doęvɇt randrɇ domestiquɇs en les habillant dɇ notrɇ livreɇ et leur balhant unɇ teinturɇ qui nɇ s'an alhɇ a l'eau fort, ni a la çandrɇ » (Peletier, *Dialogue*).

(Bonivard dénonce la traduction « verbe » pour *verbum* qui ne respecte pas la « propriete » du français, mais est seulement un déguisement par terminaison, « la consanguinité du français » avec le latin favorisant ces traductions impropres.)

— Trouver un équivalent dans la langue usuelle comme le réclame Mathieu dans son *Devis*, comme ont pu le faire les traducteurs de l'Ecriture, Olivetan ou Castellion qui substitue à *holocauste brûlage*, *souper à cene*, comme Aneau qui traduit *decorum* par *bienseance* (alors que Sébillet par exemple adopte la forme *decore*) ou comme Lefebvre d'Etaples qui, dans sa *Grammatographia* (1529), trouve des correspondants aux mots latins *rudimentum* « rude enseignement », *asylum* « lieu de franchise », *cadûcum* « prest a cheoir ».

Le débat est animé à propos de la francisation des noms propres. Vida, *De arte poetica libri tres* (1527), tenait à une adaptation. Il en est de même pour la Pléiade (Du Bellay, Ronsard, Peletier abordent le problème). Du Bellay veut accommoder les noms propres à l'usage du vulgaire et invite à dire Hercule, Thesée, Achile, Ulysse... Mais il fait exception pour un certain nombre de mots qui ne se peuvent « approprier » comme Mars, Venus ou Jupiter. Souvent les auteurs ont un usage panaché tel Amyot. Sébillet, lui, avoue varier à la « sujetion de la couppe ou de la rime ».

Pour Aneau, à l'imitation de Macault, il faut « approprier » les mots anciens à la diction française. Il traduit Oribasus en Trenchemont, Aglaodos en Clairedent. Macault, dans sa traduction d'Homère, *Le grand combat des ratz et des grenouilles* (1540), fournit à la fin un lexique où les noms grecs sont traduits en latin puis dotés de correspondants français :

Αρτοφαγος
manducans panem — Maschepain
Τυρονλυφος
cavator caseorum — Percefromaige

A côté de l'accroissement du vocabulaire existe aussi, plus difficile à mesurer, mais peut-être plus profond, le néologisme sémantique, c'est-à-dire l'acception nouvelle donnée à certains mots (extension ou usage métaphorique, soit résultat d'une latinisation ou d'un emprunt à l'étranger, soit d'une réflexion sur les concepts).

« Le maniement et emploite des beaux espris donne pris à la langue, non pas l'innovant, tant, comme la remplissant de plus vigoreux et divers services, l'estirant et ployant. Ils n'y aportent point des mots, mais ils enrichissent les leurs, appesantissent et enfoncent leur signification et leur usage, luy aprenent des mouvements inaccoustumés, mais prudemment et ingenieusement » (Montaigne, *Essais*, III, 5).

Position qui rend la lecture de Montaigne si délicate et qui s'oppose à celle de Du Bartas pour qui il est bienséant que la langue française « soit suivant le conseil d'Horace enrichie, ou par l'adoption de certains estrangers ou par l'heureuse invention des nouveaux ».

Au cours du siècle, il y a rajeunissement de certains termes. Ainsi les éditeurs de Claude de Seyssel, en 1557, suppriment des mots considérés comme anciens. Il n'est pas impossible que les nombreuses variantes lexicologiques apportées par Ronsard à son œuvre tiennent à un désir de « prévenir un risque de vieillissement linguistique » (1), tout comme ses variantes grammaticales qui tendraient à éviter le double écueil d'une « langue trop désuète » et « trop riche d'inventions ».

Tous procédés conjugués, le XVIe siècle se trouve toutefois devant une foule d'expressions synonymiques dont les nuances d'emplois échappent souvent au lecteur moderne. Pourtant, à côté de fantaisies de poètes qui peuvent avoir au gré de la prosodie préféré la forme ancienne ou la forme latine, au gré de la rime varié le suffixe, la synonymie met aussi en valeur les niveaux de langue :

« Nous avons infinité de dictions, exprimant toutes la meme chose, desquelles l'une sert seulement pour jeu et esbat, l'autre en matiere serieuse, l'autre pour dire en cholere, l'autre paisiblement, autres en autres propos » (Du Verdier).

II. — Emprunts

1. **Emprunts aux langues anciennes.** — Le phénomène de latinisation en moyen français est un

(1) L. Terreaux, *op. cit.*, p. 698.

des faits marquants de l'histoire du vocabulaire. Du XIVe au XVIe siècle, ont été introduits près des trois cinquièmes des latinismes de la langue française actuelle. Les traducteurs du XIVe les ont fait entrer en force (dans six des huit traductions d'Oresme, on en relève plus de trois cents (2)) ; ceux du XVIe siècle font de même, mais le latinisme est aussi fréquent chez ceux qui écrivent directement en français. Après les grands rhétoriqueurs, l'œuvre de Lemaire fournit un nombre important de premières attestations : *acclamation*, *adamantin*, *architecte*, *asiatique*, *auxiliaire*, *contaminable*, *correct*, *cosmographie*, *décantation*, *dextérité* (3)... au milieu de latinismes aujourd'hui disparus.

Dans la foule de ces emprunts, parmi ceux qui n'ont pas survécu, il faudrait pouvoir faire le départ entre les mots qui ont eu une certaine diffusion et les éphémères, ces hapax qui encombrent les pages des dictionnaires et qui sont souvent dus au caprice ou à la paresse de leur créateur.

Les emprunts massifs au latin sont loin de faire l'unanimité. « L'ecorchure du latin » a été très tôt l'objet de critique. Dès la fin du XVe siècle, apparaît le personnage de l' « Escumeur de latin ». La *Sottie des Coppieurs et lardeurs* dénonce avant l'Infortuné, Fabri, Tory et Rabelais ceux qui disent :

« Cavons de ramonner dispars
Et immictes bien mes vestiges
Et nous involviron noz liges
Pour les dissiper subit. »

(2) Voir R. Taylor, Les néologismes chez Nicole Oresme, traducteur du XIVe siècle, *Actes du Xe Congrès international de Linguistique et Philologie romanes*, Klincksieck, 1965, II, p. 727-736.

(3) Voir A. Humpers, *Etude sur la langue de Jean Lemaire de Belges*, p. 101-165.

Toutefois, comme le remarque G. Gougenheim, La relatinisation du vocabulaire français, *Annales de l'Université de Paris*, 1959, p. 5-18, dix-huit des latinismes de l'écolier limousin de Rabelais appartiennent à la langue moderne : *académie*, *capter*, **célèbre*, *crépuscule*, *déambuler*, *féminin*, **génie*, **horaire*, **indigène*, *méritoire*, *nocturne*, *origine*, **patriotique*, *pécune*, *pénurie*, *révérer*, *sexe*, *vénérer* (les mots marqués d'un astérisque sont attestés pour la première fois dans ce texte de Rabelais).

La condamnation porte principalement sur l'usage abusif du latinisme, solution de facilité là où la langue commune a pourtant un équivalent. Pour Aneau, par exemple, nos anciens qui avaient *païs* n'ont pas voulu user de *patrie*, « craignans l'escorcherie du latin et se contentant de leur propre et bon ». Mais Pasquier remarque combien il est facile de céder à la tentation :

« ... la pluspart de nous, nourris dés nostre jeunesse au grec et latin, ayans quelque asseurance de nostre suffisance, si nous ne trouvons mot apoinct, faisons d'une parole bonne, Latine, une tres mauvaise en François ».

Au nom du génie français, certains emprunts grammaticaux sont cependant réfutés. Les superlatifs en *issime*, création du XVIe siècle sous le double patronage du latin et de l'italien : *grandissime*, *illustrissime*, *serenissime*..., particulièrement prisés des courtisans qui abandonnent *tresdocte* pour *doctissime*, *tresbeau* pour *bellissime* ou *tresbon* pour *bonissime*, sont récusés par les grammairiens, à l'exception de Peletier, pour sentir « ung Latinisme que le Françoys ne peult goutter et encore moins digerer », comme le dit Ramus à la suite de Sylvius. Ronsard élimine en 1560 l'adjectif de son sous-titre de 1552 : *Le folastrissime voyage d'Hercueil*.

A côté de l'emprunt proprement dit, il faut

remarquer le phénomène que G. Gougenheim appelle la « relatinisation du vocabulaire » :

— Substitution d'une forme latine à la forme française par rapprochement étymologique *(interrompre* pour *entrerompre*, *sphere* pour *espere)*, phénomène à l'origine de quelque 800 doublets en français moderne.

— Retour au sens étymologique. (L'utilisation de *sourcil* par Du Bellay au sens de « gravité » ou « arrogance » (comme *supercilium*), de *se composer* pour « se mettre » est condamnée par Aneau : « c'est parlé Latin en François ».)

— Calques stylistiques (*la gauche main* ou *les larges pleurs*).

Les retours au genre étymologique sont aussi fréquents. Deviennent ainsi masculins : *abime*, *comete*, *etude*, *idole*, *office*, *ordre*, *periode*, les noms abstraits en *eur* (*erreur*, *odeur*, *humeur* ; le français en conserve le souvenir pour *honneur* et *labeur*)...

Les mots venus du grec sont en nombre beaucoup moins important, la diffusion de cette langue étant sans commune mesure avec celle du latin. Jusqu'au XVIe siècle, les hellénismes étaient empruntés par l'intermédiaire du latin (tel est encore le cas chez Lemaire de Belges). Mais, au cours du siècle, se développent les hellénismes directs, tout particulièrement dans les vocabulaires techniques : médecine, politique, rhétorique.

2. **Emprunts aux dialectes et mots archaïques.** — Les théoriciens prônent l'emprunt dialectal. H. Estienne invite à « cuisiner à nostre mode » ces « viandes apportes d'ailleurs ». Dans le suravertissement des *Odes* de 1550, Ronsard se justifie de parler son vendômois et d'employer *charlit*, *nuaus*, *ullent*. La position de Montaigne est bien

connue : « ... c'est aux paroles à servir et à suyvre, et que le gascon y arrive, si le François n'y peut aller » (*Essais*, I, 26). Quant à l'œuvre de Rabelais, elle se révèle un gigantesque dictionnaire de termes dialectaux.

Toutefois, comme l'a montré Brunot, la proportion des mots dialectaux hérités du XVIe siècle, mis à part les langues de métier et les argots, est limitée. C'est surtout du provençal qu'ils proviennent, puisque, d'après la liste établie par le *Dictionnaire général*, le quart des 400 mots provençaux empruntés par le français date du XVIe siècle. Malgré leur position théorique en faveur des dialectes, Ronsard et Montaigne en font un usage limité : Ronsard n'a pas hésité dans des corrections ultérieures à supprimer de son œuvre des termes dialectaux.

Si, en théorie, on souhaite aussi remettre au goût du jour les mots archaïques et si, chez les écrivains de la Pléiade, on relève diverses formes anciennes : *adeulé*, *adiré*, *aherdre*, *compaing*, *dehetter*, *effaceure*, *emmy*, *endementiers*, *epamer*... (4), ces vieux mots n'ont pas survécu et, parmi tous les procédés d'enrichissement celui-ci s'est révélé caduque. Ronsard, lui-même, malgré sa position de principe élimine au fil des révisions de son œuvre un certain nombre d'archaïsmes. Ainsi, dans la troisième édition des *Odes*, il supprime *embler*, *finer*, *mechance*, *tretous* (5).

3. **Emprunts aux langues vivantes.** — Pour Mathieu, les emprunts aux langues italienne, espagnole, anglaise, allemande, absents des auteurs du « vieil temps », ont moins de cinquante ans. De fait,

(4) Voir F. Brunot, *op. cit.*, p. 185.
(5) Voir L. Terreaux, *op. cit.*, p. 268.

le Moyen Age pratiquait peu l'emprunt et aux XIVe et XVe siècles n'apparaissent de façon significative que des italianismes dans les domaines de la finance, de la guerre et de la navigation.

Au XVIe siècle, l'allemand et l'anglais n'ont laissé que quelques traces. Les emprunts proviennent surtout des « langues qui ont quelque communauté avec la nostre, comme l'Espagnole et l'Italienne » (Pasquier). (Il n'est d'ailleurs pas toujours possible d'individualiser l'emprunt venu de l'espagnol, de l'italien ou du provençal.) L'espagnol fournit un certain nombre de termes comme *algarade*, *bandouliere*, *bastonnade*, *bizarre*, *camarade*, *casque*, *escamoter*, *fanfaron*, *mascarade*, *mousse*, mais les italianismes sont de loin majoritaires.

B. H. Wind, *Les mots italiens introduits en français au seizième siècle*, a relevé quelque 2 000 mots italiens au XVIe siècle et près de la moitié des mots du français moderne issus de l'italien datent du XVIe siècle. Les œuvres de Lemaire de Belges offrent 10 attestations (*archipel*, *belvedere*, *bronze*, *cantilene*, *contrebande*, *contrebasse*, *escarpin*, *moustache*, *tercet*, *trinquet*), celles de Rabelais, 77, de la Pléiade, une vingtaine. Selon T. E. Hope, *Lexical borrowing in the romance languages*, I, p. 233, qui recense 462 emprunts italiens du XVIe siècle restés dans la langue (alors que l'italien aurait, à la même époque, importé du français 72 mots dont 20 sont des termes guerriers), la répartition par décennies (de 1500 à 1509, 23 emprunts 1510-15/1520-28/1530-54/1540-79/1550-80/1560-38/1570-41/1580-31/1590-39) montre que les emprunts durables sont particulièrement importants de 1530 à 1560 et principalement sous le règne d'Henri II.

L'italien a pénétré la plupart des domaines de la vie sociale et culturelle, bouleversant le vocabulaire de l'architecture (avec ses *arcade*, *balcon*, *corniche*...), de la musique (*cadence*, *concert*...), de la vie de cour (*altesse*, *carrosse*, *courtiser*...) et de la guerre. Pasquier dit devoir accepter *cavallerie*, *infanterie*, *enseigne colonelle* et *esquadrons* à la place de *che-*

valerie, *pietons*, *enseignes coronales* et *batailles*. T. H. Hope a montré que, dans les années 1550, dominent les mots en relation avec la guerre, la navigation et la vie sociale, spécialement de cour, et, à partir de 1560, les termes à connotation commerciale. Pour le vocabulaire militaire, la plupart des emprunts datent de l'occupation française du Piémont en 1544 et de la réorganisation de l'armée par François Ier, sur le modèle italien, en vue d'hostilités avec Charles Quint.

Il y a, par ailleurs, italianisation de certains mots existants : *chiennaille* devient *canaille* sous l'influence de *canaglia* ; *garlande*, *ghirlande* sous celle de *ghirlanda* ; *tremontane*, *tramontane* sous celle de *tramontana* et certains mots français sont dotés de sens italiens : *creature*, « homme avancé en bien par un autre » ; *passager*, « passeur ».

III. — Créations

La plupart des créations verbales du XVIe siècle obéissent à des normes précises :

> « Le̸ precepte̸ general an cas d'innovacion de moz, ȩt que̸ nous eyons l'astuce̸ de̸ les cacher parmi les usitez, de̸ sorte̸ qu'on ne̸ s'apȩrçoȩve̸ point qu'iz soȩt nouveaus » (Peletier, *Art poetique*).

Dans cette innovation, la Pléiade donne pour maîtres l'analogie (Ronsard, dans la préface de 1587 de la *Franciade*, parle de la nécessité d'un « patron desja receu du peuple »), le jugement de l'oreille et l'imitation des langues anciennes (« tu composeras hardiment des mots à l'imitation des Grecs et Latins », Ronsard, *Abbregé de l'art poetique françois*, 1565). Les patrons antiques justifient ainsi les procédés de dérivation impropre ou de composition.

1. **La dérivation impropre.** — Du Bellay systématise dans la *Deffence* l'utilisation de la dérivation impropre que la langue pratiquait déjà :

« Uses donques hardiment de l'Infinitif pour le nom, comme l'Aller, le Chanter, le Vivre, le Mourir. De l'Adjectif Substantivé, comme le liquide des Eaux, le vuide de l'Air, le fraiz des Vmbres, l'epes des Foretz, l'enroué des Cimballes, pourveu que telle maniere de parler adjoute quelque grace, et vehemence, et non pas le Chault du feu, le froid de la Glace, le dur du Fer, et leurs semblables... Des Noms pour les Adverbes, comme ilz combattent obstinez, pour obstinéement, il vole leger, pour legerement » (II, 9).

On lit dans son œuvre des exemples d'adjectifs substantivés sur le modèle des tournures citées dans la *Deffence* (procédé cher à Pétrarque, utilisé fréquemment par Scève et présenté comme une imitation du grec) : *l'argentin de leurs celestes voix*, *le divin de voz beautez*, *l'extreme de tous maux*, *l'obscur des eternelles nuictz* ; de nombreux emplois d'infinitif substantivé *(l'approcher*, *le braver*, *le pinceter*, *le soufler)* ou d'adjectifs utilisés en adverbes *(sifflant horrible)*.

H. Estienne attribue à un emprunt au grec l'utilisation de l'infinitif substantivé bien représenté dans la langue médiévale où il marque l'action en train de se faire. Montaigne a joué des subtilités de cette tournure : « l'estre mort ne les fache pas, mais ouy bien le mourir », II, 13. La prédilection de la Pléiade pour ce tour pourrait être imputable à une imitation de l'italien (voir L. Terreaux, *op. cit.*, p. 369).

2. **La suffixation.** — Les métaphores du rejeton, du provignement, à partir des vieux mots français *(verver*, *vervement* de *verve*, *lobber* de *lobbe)* mettent en avant les procédés de dérivation. La base

médiévale recommandée par Ronsard n'est toutefois pas la plus fréquente et c'est surtout avec les « vocables receus en usage » que le XVIe siècle forme ses dérivés.

Ce moyen privilégié d'enrichissement du vocabulaire n'est pas uniformément utilisé dans la langue savante et dans la langue courante. La langue savante et littéraire use et abuse au XVIe siècle de la suffixation, particulièrement pour la formation d'adjectifs ; la langue courante lui préfère les tours analytiques et H. Lewicka (6) a montré combien s'opposent, en ce domaine, la langue poétique et celle du théâtre, proche de la langue parlée.

Sont nombreux dans l'usage de la Pléiade (voir les listes de Marty-Laveaux) les adjectifs en

— *al* : *étéal*, *nopçal*, *printannal*, *viergeal*, *visual*...
— *an*, *ean*, *ian*, pour les adjectifs tirés de noms propres de personne ou de lieu : *amyclean*, *caucasean*, *chalcidien*...
— *é* : *élangouré*, *encothurné*, *pamprées*, *nectarées*...
— *er/ier* : *autonnier*, *nopcier*, *foudrier*...
— *eux* : *aigueux*, *angoisseux*, *ecailleux* (ce suffixe est particulièrement en vogue de 1575 à 1625)...
— *in* : *adamantin*, *aimantin*, *laurierin*, *printannin* (Baïf en offre de nombreux exemples (tout comme Lemaire de Belges))...
— *u* : *bossu*, *nazu* (grâce à sa valeur caricaturale, il est fréquent, comme le péjoratif *ard*, dans la langue populaire)...

Pour la formation des noms, il n'existe pas la même opposition entre niveaux de langue. La suf-

(6) H. Lewicka, *La langue et le style du théâtre comique français des XVe et XVIe siècles.*

fixation est dans le théâtre comique fréquente, avec une préférence marquée pour certains suffixes, à valeur expressive comme *erie*, *aille*, *ure* ou *ard*. D'une façon plus générale, dans la formation des substantifs, un des traits remarquables est la concurrence de dérivés issus d'un même radical : *brouillis*, *brouillure*, *brouillement* ; *jurement*, *jurage* ; *coppieur*, *coppiard*, *coppiste* ; « Etes-vous des frappins, des frappeurs ou des frappars ? » (Rabelais, *Quart livre*, XV). La langue a ultérieurement créé des spécialisations sémantiques qu'il n'est pas impossible que la langue du XVIe siècle ait en partie connues (7). Cette multiplicité des formes ne pouvait que donner un sentiment fort de la dérivation et du radical de base.

Parmi les suffixes, le XVIe siècle marque un goût prononcé pour les diminutifs, tout particulièrement les poètes :

> « Nos Poëtes François, nommément du Magny, se sont plu aux diminutifs d'une fort bonne grace. Car ils font de petitelettes descriptionnettes qui sont fort agreablettes aux aureillettes delicatelettes, principalement des mignardelettes demoiselettes » (Tabourot).

Le suffixe *et*, que le XVIIe siècle récusera (condamné par Malherbe, il est cependant l'objet d'un plaidoyer de Mlle de Gournay), sert aussi bien à la formation d'adjectifs que de substantifs. Si l'on cite toujours l'épitaphe de Ronsard (« Amelette Ronsardelette mignonnelette, doucelette ») et la prédilection de la Pléiade pour ce diminutif (8),

(7) H. Lewicka, *op. cit.*, p. 125, suppose une différence stylistique entre *dansement* et *danserie* et donne comme procédé comique l'accumulation de mots pourvus d'un même suffixe ou de divers suffixes pour un seul radical.

(8) L. Terreaux, *op. cit.*, p. 274, interprète la multiplication des diminutifs dans les *Amours* de 1552-1553 comme une imitation de l'italien, de Catulle et des néo-latins. Ronsard dans ses corrections n'élimine pas les diminutifs.

il faut noter qu'il est déjà bien représenté dans la langue, que Lemaire de Belges en fait un usage étendu. Henri Estienne justifie par les langues anciennes l'existence des diminutifs et « superdiminutifs », que la langue multiplie à l'envi avec ses *diableteau*, *diabloteau*, *diablotin*, *diabloton* ; *soterau*, *sotelet*, *sotinet* ; *mignot*, *mignon*, *mignoteau*, *mignolet*, *mignonnet*, *mignonnelet*.

Pour les adverbes, la formation en *ment* connaît un succès sans précédent. H. Vaganay (9) fournit une liste de 2 000 adverbes en *ment* en usage au XVIe siècle (la langue en conservera 900) ; 800 sont postérieurs à 1550. Marot en a utilisé 190, Rabelais 350. Il s'agit essentiellement de formes de la langue littéraire. Sur les 2 000 recensés par H. Vaganay, 167 seulement, selon H. Lewicka, appartiennent aussi à la langue du théâtre. Par ailleurs, Ronsard qui, en 1552, en fait, à l'imitation de Pétrarque et de Scève, un usage abondant, tend ultérieurement à les éliminer. Si leur formation ne diffère guère de la formation actuelle, certains emplois sont particuliers, comme leur utilisation pour qualifier les circonstances qui entourent le procès *(assembléement, concordablement)* ou pour la qualification de l'adjectif (*angoisseusement pâle* chez Jodelle ou *bavardement facheux* chez Du Bartas), emploi privilégié des poètes lyriques (10).

3. **Préfixation.** — La préfixation permet de nombreuses créations. La Pléiade utilise *avant-jeu*, *avant-naissance*, *contr'accorder*, *contr'amour*, *contre-*

(9) De Rabelais à Montaigne. Les adverbes terminés en *-ment*, *Revue des Etudes rabelaisiennes*, I, 1903 ; II, 1904 ; III, 1905.

(10) Voir M. Glatigny, Remarques sur la formation des adverbes en *-ment* au XVIe siècle, *Lexique 1*, Presses Universitaires de Lille, 1982, p. 65-90.

cœur, *r'ediger*, *r'enlasser*... Lemaire connaît *archidruide*, *archicancelier*, *contrenuer*, *entretroublé*, *superceleste*, *supernaturel*...

Le redoublement de la syllabe initiale (*floflotter*, *babattre* chez Ronsard) permet pour Du Bartas « d'augmenter la signification et representer plus au vif la chose ». C'est ainsi qu'il crée *bou-boufer*, *bou-bouillir*, *bou-bouillonner*, *bou-bourdonner*, *cracailler*, *cracraqueter*, *gragrailler*, *pe-petiller*, *sou-soufler*, *ton-tonner*, *tourne-tourner* que Deimier condamne pour « l'ampoulure dont ils sont enflez » en remarquant que « jamais ils ne seront receus en la communauté des vrays termes François, veu le fard et l'estrangeté qui les accompaigne ».

4. **Composition.** — L'originalité du XVIe siècle qui connaît un accroissement extraordinaire du nombre des composés ne tient pas à l'invention de nouveaux modes de formation, mais d'une part à l'utilisation hybride d'éléments grecs ou latins et, d'autre part, dans la langue littéraire, à la transposition à d'autres catégories, de modes de formation propres à certaines catégories grammaticales.

Jusque-là, le français employait seulement des mots composés avec élément savant empruntés au latin d'église ou au latin médiéval. Mais, au début du siècle, les humanistes commencent à forger avec des éléments savants des mots inconnus des langues anciennes comme *altiloque*, *francigene*, *monologue*, *intercostal*, *panthéologie*.

Ce phénomène se distingue de la composition proprement dite dans la mesure où les éléments d'origine étrangère ne peuvent être utilisés de façon autonome dans l'énoncé ; d'où la tentation d'en faire une classe à part (11). Les grammaires du XVIe siècle invitent toutefois à les garder dans la classe des composés. Meigret distingue quatre sortes de composés : deux entiers (comme *malheur*), deux corrompuz (« comme benivole, daotant qe beni, ę vole, ne signifiét rien separez »), un entier et un corrompu *(ęnnemy)*, un corrompu et un entier *(çhacun)*.

Le début du XVIe siècle compte un nombre restreint de types de composition productifs (12). Or sont particulièrement bien représentés dans la langue littéraire, à partir du milieu du siècle, pour la création d'épithètes, des patrons inconnus pour cette catégorie : juxtaposition d'adjectifs comme *doux-fier*, *dous-grave* chez Ronsard, *doux-utile* chez Du Bellay, *doux-aigre*, *dousucrée*, *doux cruel* chez Baïf, *jaune-rouge*, *humide-chaud*, *chaste doux* chez Du Bartas qui les multiplie pour l'expression des sensations ou l'appréciation morale ; utilisation du thème verbal + complément, tels *ayme-bal*, *aime-musique*, *aime-peinture* chez Ronsard, *avale-soing*, *chasse-melancolie* chez Belleau (A. E. Creore a recensé dans l'œuvre de Du Bartas 262 adjectifs de ce type contre 24 noms (13)) ; substantif qualifié par un adjectif (*front-cornu*, *pied-vite* chez Ronsard) ou adjectif pris adverbialement et verbe (*doux-soufflant* chez Ronsard ou *doux-tremblant* chez Du Bartas).

Pour ces adjectifs composés, H. Lewicka a montré en opposant la langue des poètes et celle du théâtre

(11) H. Mitterand, *Les mots français*, PUF, 1970, parle de « recomposés », M. Arrivé, F. Gadet et M. Galmiche, *La grammaire d'aujourd'hui*, Flammarion, 1986, d' « interfixes » et du phénomène d' « interfixation » (parallèle à la suffixation et à la préfixation).

(12) Voir H. Lewicka, *op. cit.*, p. 17.

(13) A. E. Creore, Word formation in Du Bartas, *Bibliothèque d'Humanisme et Renaissance*, 1953, p. 192-208.

populaire que, plus que par leur structuration interne, c'est par l'utilisation comme épithète de types de formation que la langue populaire réserve au substantif que diffèrent les deux langues. Ainsi la juxtaposition ou le thème verbal suivi du complément appartiennent à la formation du substantif et le type *front cornu*, *pied vite* ne se distingue pas des composés *grosse teste* ou *teste creuse* employés comme substantifs dans la langue parlée. Mais ces créations de poètes sont artificielles ; le seul type absent des textes théâtraux que la Pléiade ait pu imposer est celui d'*aigre-doux*.

Ce sont donc dans les épithètes surtout que s'est caractérisé le mouvement d'enrichissement du vocabulaire, aussi bien pour la suffixation que pour la composition et l'ouvrage de Maurice de La Porte, *Les epithetes. Livre non seulement utile à ceux qui font profession de la poesie, mais fort propre aussi pour illustrer toute autre composition françoise* (1571), permet de mesurer l'extraordinaire richesse d'invention dont a fait preuve le XVIe siècle en ce domaine. Le *Dictionnaire des rimes françoises* n'hésite pas à fournir « un amas d'épithetes » recueillies dans les œuvres de Du Bartas.

A la fin du siècle, certains pouvaient mesurer le chemin parcouru comme Du Verdier dans sa *Bibliotheque* (1585) :

« De ma part, je croy que nostre langue ait esté composee de toutes les fleurs d'eslite, qui sont esparses par la Grecque, la Latine, l'Italiene et autres celebres et renommees, tant antiques que modernes. Or je n'attribue ces louanges à la langue qui avant cinquante ans estoit en usage entre nous, car elle estoit assez rude : mais a celle qui du depuis est venue, tres differente à la premiere, qui n'est nee de l'indiscret usage du vulgaire (comme advient ordinairement) mais avec grand esgard renouvellee et embellie par la cure et industrie des doctes d'entre nous, lesquels imbus de plusieurs et diverses sciences, et usitez és langues, antiques, voulans faire entendre leurs profondes conceptions, en forgerent avec grand jugement les propres vocables, designans proprement ce à quoy ilz estoyent imposez. Ainsi nostre parler moderne a esté produit et enfanté de cerveaux pleins de tresdoctes intelligences, et formé de la fleur des belles langues, recueillie deça et delà, comme le fin ambre sort du meslange de l'or et de l'argent affinez avec certaine preparation. »

CHAPITRE IV

PRONONCIATION

Les témoignages sur la prononciation du XVIe siècle sont nombreux ; ouvrages qui lui sont exclusivement consacrés comme les traités latins de Claude de Saint-Liens (*De pronuntiatione linguae gallicae*, Londres, 1580) ou de Théodore de Bèze (*De Francicae linguae recta pronuntiatione*, Genève, 1584) destinés aux étrangers ; indications multiples fournies dans les grammaires ou les arts poétiques ; systèmes de graphies phonétiques dont Peletier, Ramus ou Baïf ont fait usage ; rimes (pour lesquelles on ne peut toutefois exclure la licence poétique) ; jeux de mots (qui n'évitent pas toujours l'approximation).

Mais ces témoignages sont souvent contradictoires en raison de la multiplicité des usages et des particularités régionales ; des différences très marquées entre langue populaire et langue savante ; des influences savantes de restitution d'une prononciation idéale à l'image de la restauration de la prononciation des langues anciennes ; de l'existence de certaines modes ; de l'absence d'un code commun de transcription et des hésitations sur ce qui peut apparaître comme son succédané, à savoir l'adéquation supposée du son et de la lettre latins.

Les rapports entre l'écrit et l'oral entraînent aussi des modifications phonétiques ; ainsi la restitution graphique des consonnes implosives (consonnes en fin de syllabe) peut inviter à les prononcer (tout comme au XIXe siècle le *s* de *fils* ou au XXe siècle celui de *mœurs* ou le *p* de *dompter*) et les graphies conservatrices d'une ancienne prononciation, incomprises, sont cause de méprises (comme la moderne *gageure*). Les influences graphiques, au même titre que les influences savantes, contrecarrent l'évolution spontanée.

Le système phonologique du XVIe siècle ne connaît plus que sporadiquement les diphtongues et triphtongues de l'ancien français, mais maintient l'existence du l mouillé [λ] (qui se réduira à [j] au XIXe siècle, sauf dans le midi de la France) et l'articulation apico-alvéolaire du [r] (r « roulé », avec vibration de la pointe de la langue) qui ne deviendra dorso-vélaire qu'au XVIIe siècle.

Le changement phonétique le plus remarquable, et le moins perçu par les théoriciens, est, à la fin du siècle, la perte de la double articulation nasale ; la voyelle devant consonne nasale était en effet nasalisée et la consonne était prononcée comme elle l'est encore en liaison (*mon enfant* était ainsi prononcé [mɔ̃n ɑ̃nfɑ̃n]). La simplification au XVIe siècle se fait soit par dénasalisation de la voyelle quand la consonne est intervocalique ([ɔ̃mə] devenant [ɔmə]), soit par chute du segment nasal implosif, quand la consonne est dernier élément de la syllabe ([ɑ̃nfɑ̃n] devenant [ɑ̃fɑ̃]).

Selon G. Straka, *Revue de Linguistique romane*, XIX, 1955, p. 245, le phénomène s'expliquerait par la tendance à l'élimination de deux articulations semblables. En cas de consonne implosive, donc faible, il y a amuïssement de la consonne (cette disparition peut alors être considérée comme la dernière étape de l'élimination des implosives) ; en cas de consonne intervocalique, donc forte, c'est la voyelle nasale qui s'est dénasalisée.

Cette différence de traitement rompt dans la langue moderne les correspondances entre masculin et féminin du type [bɔ̃] [bɔn].

I. — Vocalisme

Pour les voyelles se posent des problèmes de quantité, d'évolution des anciennes diphtongues et voyelles en hiatus et d'aperture. Les théoriciens du XVIe siècle se réfèrent aux langues anciennes pour décrire quantités et diphtongues, alors que ces notions correspondent mal à la réalité française.

1. **Quantité.** — Un des débats de phonétique porte sur l'existence des quantités. Mathieu les réfute. Sylvius et Peletier ont un système de notations qui permet de les marquer. Leur identification ouvre la possibilité d'une poésie mesurée à laquelle s'est essayé le XVIe siècle. Jacques de La Taille, dans *La maniere de faire des vers en françois, comme en Grec et en Latin* (1573), souhaitant doter le français d'une prosodie à l'antique, s'est fixé pour but de « montrer que nostre quantité n'est si malaisée à discerner qu'aucuns pensent ny mesmes tant que celle des Grecs et des Latins » ; il fournit de longues séries pour la détermination de ces quantités, mais remarque que la connaissance des langues anciennes est souvent nécessaire pour les reconnaître. Théodore de Bèze, qui note certaines particularités régionales (comme chez les Poitevins une prononciation *mestresse* ⏑ – ⏑ pour *maistresse* – ⏑ ⏑ ou *messe* – ⏑ pour *messe* ⏑ ⏑), offre huit règles pour la distinction de ces quantités. Sont par exemple longues les voyelles suivies d'un *n* ou *m* implosif, d'un *e* final, la « diphtongue » *au*, les finales en

aille, *asse*, les voyelles devant *s* implosif ou devant *rr*. Aneau reproche à Du Bellay de redoubler certaines consonnes là où les syllabes sont brèves *(imiter, estomac)* et de les mettre simples là où elles sont longues *(Romme)*.

Certains faits font la quasi-unanimité des théoriciens : comme l'allongement de la voyelle par suite de la chute du [s] implosif (Bèze cite *isle*, *esmeute*, *aimasmes*, *rost*) ou la contraction vocalique *(roole, aage)*. C'est du XVIe siècle, par ailleurs, que date l'action allongeante du [r] et du [ʒ]. Ainsi La Noue (1596) laisse entendre que certains prononcent *loge* avec voyelle longue.

2. **Diphtongues et hiatus.** — La réduction des diphtongues et des triphtongues de l'ancien français s'était faite en moyen français et les rares cas pour lesquels les grammairiens mentionnent une possibilité de prononciation de la diphtongue seront éliminés au cours du siècle, comme *au* transcrit *ao* par Meigret. Toutefois *eau*, pour lequel Erasme et Meigret donnent encore la prononciation *eao*, est, dans la langue soutenue, prononcé avec une diphtongue.

Eau s'était réduit au XVIe sièlce à [eo] devenu dans certaines régions et dans le parler populaire de Paris [jo]. (Peletier note que l'on parle à Paris de *sio dio (seau d'eau)*.) Les prononciations [eo] ou [əo] sont relevées par Peletier, Bèze, Ramus, du Baïf, la prononciation en [o] ne l'est que dans la seconde partie du XVIe siècle par Meurier et Saint-Liens et comme particularité du langage courtisan.

La prononciation de l'ancienne diphtongue *oi* est diverse au XVIe siècle. Prononcée [oi] en ancien français, et peut-être encore dialectalement au XVIe siècle, elle s'était réduite au XIIIe siècle à [wɛ] et dans la langue populaire à [wa]. La réduction de [wɛ] à [ɛ], déjà attestée à la fin du XIIIe siècle pour les imparfaits, conditionnels et après [r] et [l], est considérée au XVIe siècle comme une prononciation courtisane par Des Autels et H. Estienne, populaire et parisienne par De Bèze, les grammairiens essayant de maintenir la prononciation [wɛ] et fustigeant par ailleurs la prononciation [wa] qui ne triomphera qu'à la Révolution.

Ainsi H. Estienne dénonce les « contrefaiseurs de petite bouche » qui, au lieu de prononcer *françois* avec [wɛ], le font en [ɛ] :

« Et encore pour le jourdhuy se trouvent des courtisans qui affectent ceste prononciation, s'accomodans en cela à quelques mignardes et non à la raison. Car il est certain que ceci est venu premierement des femmes qui avoyent peur d'ouvrir trop la bouche en disant François et Anglois. »

Ailleurs, il attribue cette prononciation à l'italien. Il reproche également à certains courtisans de prononcer *troas moas* pour *trois mois*.

La prononciation [ɛ] est toutefois quasi générale au milieu du siècle pour les imparfaits, les conditionnels, les noms de peuples, certains mots comme *roide* ou *foible* (d'où les doublets actuels *français/françois//raide/roide*). La graphie *oi*, ambiguë, l'est restée longtemps, puisque l'adoption de *ai* ne date que du XIXe siècle (cette graphie proposée au XVIIe siècle par le grammairien Berain, soutenue par Voltaire, ne sera acceptée par l'Académie qu'en 1830).

Par ailleurs, il y a, dans un certain nombre de cas, simplification du résultat des anciennes diphtongues. Ainsi la diphtongue *ie* (issue d'un a tonique latin libre après palatale) était passée au XIIe siècle à [je] qui, à partir du XIIIe siècle, s'était réduit à [e] derrière certaines consonnes palatalisées, particulièrement dans les formes verbales (*chier* et *traitier* deviennent ainsi *cher* et *traiter*). Au XVIe siècle, toutefois, les deux prononciations et les deux graphies coexistent. Meigret note ainsi que, pour *chef* et *cher*, il y a double prononciation, mais que celle qui fait appel à la « diphtongue » (c'est-à-dire [je]) est plus harmonieuse et usitée. Maupas, au début du XVIIe siècle, donne les formes en *ie* comme archaïques et déjà Palsgrave en 1530 remarque que pour les infinitifs des verbes du premier groupe, ne subsiste qu'une forme en *-er*, quoiqu'il ait été d'usage au XVe siècle de graphier certains d'entre eux en *-ier*.

La diphtongue *ui* s'était réduite à [ɥi]. Elle a pu se simplifier en *i* après consonne labiale dans un mot comme *vuide* devenu *vide* (le XVIe siècle connaît la concurrence des deux formes) ou se réduire par assimilation à [y] ; *charcuitier*, *luiter*, *buirette*, *ecuirie* coexistent au XVIe siècle avec les formes nouvelles.

S'il reste quelques hiatus au XVIe siècle (comme *aïde*, *haïne*, ou *paour*), la majorité ont été réduits au XIVe siècle et ce ne sont que survivances graphiques qui peuvent toutefois influer sur la prononciation et créer des situations confuses comme dans le cas de *eu*.

La graphie *eu* correspondait au son [ø] dans des mots comme *feu* ; après la réduction de l'hiatus [əy] au son [y], elle devient l'équivalent de la graphie *u* (*veu*, *pourveu*). Cette ambivalence (ainsi que la réduction de l'hiatus dans certaines régions (Normandie, Anjou, Bourgogne) à [ø] particulièrement devant [r] et la prononciation picarde [y] pour des mots comme *feu*) est responsable des hésitations entre *eu* et *u* dont témoignent les rimes *seur (sûr)/douceur* chez Marot.

3. **Aperture.** — L'influence ouvrante du [r] faisait prononcer [ar] plutôt qu'[ɛr]. Selon H. Estienne, le peuple de Paris emploie *Piarre* pour *Pierre*, *guarre* pour *guerre*. Ronsard n'hésite pas à utiliser la rime *armes/termes* en la justifiant par la proximité du *e* et du *a*. Face à ce phonétisme, certains affectent, par fausse régression, une prononciation en [ɛ]. Tory relève que « les Dames de Paris, en lieu de A pronuncent E, bien souvent, quand elles disent. Mon mery est a la porte de Peris ».

Les phénomènes d'ouverture touchent aussi les voyelles nasalisées. Le passage de [ɛ̃] à [ɑ̃] est un phénomène du XIe siècle (*en* prononcé comme *an*), bien qu'au XVIe siècle, certains théoriciens estiment que *en* a un son intermédiaire entre *e* et *a* et qu'il ne faut pas prononcer comme le peuple *tams* pour *temps*. L'ouverture du *i* et du *u* nasalisés, elle, date du XVIe siècle.

[i] et *u* [y] ne se sont nasalisés que tardivement, dans la langue courante ; au XIIIe siècle pour le *i*, au XIVe siècle pour le *u*, et, dans la langue littéraire, vers la fin du XVe siècle ou le début du XVIe siècle. Le [y] nasalisé s'est ouvert en [œ̃] *(humble)* et [ĩ] en [ɛ̃] *(pin)* rapidement dans la langue courante, au XVIe siècle dans la langue littéraire.

Pour *ien*, le « populace de Paris » prononçait *ian* (habitude conservée dans *fiente*) ; « Et bian, bian je varron si monsieur le Doyan qui a tant de moyan, ayme les citoyans, et si, à la coustume des ancians, il leur baillera rian », s'amuse à reproduire Tabourot.

Par ailleurs, devant consonne articulée (loi de

position), la langue populaire tend à ouvrir [e], [je] et [ø] en [ɛ], [jɛ] et [œ], tendance freinée dans la langue savante et par les grammairiens, mais qui finira par prévaloir. Meigret, pour un mot comme *lequel* hésite entre [e] et [ɛ], mais la prononciation en [ɛ] l'emporte à la fin du siècle ; il en est de même pour les mots en *el*, *elle*, *ef*, mais le *e* reste fermé dans ceux qui sont en *eve* ou *evre* ; pour des finales en *ere (pere*, *mere...)*, l'usage est partagé. Quant à [je], excepté la terminaison *ierre* en [ɛ], dans tous les autres cas, existe une prononciation en [e]. De même, [ø] conserve son timbre fermé pendant le XVIe siècle et ce n'est qu'au XVIIe siècle que des termes comme *bœuf*, *fleur* ou *seule* seront prononcés en (œ).

L'histoire du [u] est exemplaire des influences régionales et savantes auxquelles est soumis le vocalisme. A l'initiale, le [o] s'était au XIIe siècle fermé en [u], d'où les formes *cousté*, *courbeille*, *souleil*, *coupie*. Parallèlement, le [o] initial en latin était prononcé [u]. La restauration de la prononciation latine au XVIe siècle sous l'influence d'Erasme rétablit un [ɔ] à l'initiale, si bien que les mots français rappelant le latin prennent une prononciation en [ɔ], tels *colloque*, *copie*, puis les mots de formation populaire, comme *corbeille* ou *soleil* (la régression n'a toutefois pas prévalu pour tous les mots, puisque le français conserve *douleur* ou *vouloir*).

Par ailleurs, sous l'accent, certains [ɔ] étaient, par suite d'un allongement compensatoire ou d'une contraction vocalique, passés à [o] puis à [u], tels *grous*, *chouse* ou *toust* (la graphie ne marquant pas toujours cette évolution et des formes en *o* rimant avec des formes en *ou*). Cette prononciation [u] est donnée pour régionale par des grammairiens comme Bovelles qui l'impute à l'Orléanais, la Touraine et l'Anjou, ou De Bèze, à Lyon et à Bourges. En fait, elle appartient aussi à l'usage parisien et à celui des courtisans à qui H. Estienne adresse cette remontrance :

« Si tant vous aimez les ou doux
N'estez vous pas bien de grands fous
De dire chouse au lieu de chose,
De dire j'ouse au lieu de j'ose ? »

Les grammairiens refusent en effet généralement la prononciation [u], même si les poètes justifient par le retour au grec la double prononciation.

« Tu pourras... a la mode des Grecz qui disent ὀύνομα pour ὄνομα, adjouster un u apres un o pour faire ta ryme plus riche et plus sonante, comme troupe pour trope, Callioupe pour Calliope » (Ronsard, *Abbregé de l'Art Poetique*).

Tabourot dénonce le langage « ouistisien » de la cour qui fait prononcer avec [u], *mol*, *col*, *fol* et la querelle des « ouistes » et des non-« ouistes » se poursuivra au XVIIe siècle.

Le traitement du [e] initial en syllabe ouverte est à mettre en parallèle avec celui du [u]. Depuis le XIe siècle, le *e* initial des mots latins et français se prononçait [ə] (peut-être labialisé au XVe siècle). Au XVIe siècle, sous l'influence de la réforme érasmienne, il y a rétablissement du [e] en latin et en français dans les mots qui rappellent le latin comme *benigne* ou *celebrer*, puis dans les mots de formation populaire dont le modèle pouvait être encore présent à l'esprit comme *peril* ou *desir*, ou même inconnu comme *debonnaire* ou *debuter* (le français a conservé de cet état de fait une double série avec *désir* et *devoir*, et des doublets tels *reformer* et *réformer*). L'absence d'accent à l'initiale dans les textes du XVIe siècle ne permet pas de définir la prononciation propre à chaque mot ou à chaque auteur. Quelques indications sont fournies par les ouvrages théoriques. Jacques de La Taille relève une prononciation en [e] pour *deloyal*, *deposer*, *dechoir*, en [ø] pour *debat*, *demander*, *delaisser*.

4. **Disparition du** [ə]. — Le [ə] disparaît fréquemment entre consonnes au contact du [l] ou [r]. Ainsi *sairement* s'est réduit en moyen français à *serment*, *esperit* à *esprit*. Le XVIe siècle connaît des formes *palfrenier*, *alman*, *souvrain*, *plote*, *lapreau*, mais conserve aussi certaines formes anciennes comme *alebastre* ou *larrecin*.

A l'intérieur du mot, le *e* après voyelle a disparu. Marot écrit ainsi *oublirez*, quoique, selon H. Estienne, le *e* subsiste dans la graphie pour marquer l'allongement de la voyelle (comme dans le cas *d'etourdiement*). Pour Cauchie, le *e* de *aiseement* compte en versification et les théoriciens du début du XVIIe siècle reprocheront aux poètes du XVIe siècle d'avoir utilisé des formes de futur sans *e* comme *maniront* ou *varira*.

En finale, le [ə] est encore prononcé dans la langue courante derrière consonne, « mol et imbecille » selon Sébillet ; il ne disparaîtra qu'au début du XVIIe siècle. Derrière voyelle, il ne subsiste guère qu'en poésie où Ronsard invite toutefois, à l'intérieur des vers, à le supprimer des mots se terminant en *ée*, *ées*, *ouë* et *uë* et à écrire *rou'*, *jou'*, *nu'*, « contre l'opinion de tous noz maistres qui n'ont de si pres advisé à la perfection de ce mestier ». Mais, par ailleurs, il conseille les terminaisons picardes comme *voudroye* et *aimeroye*.

La troisième personne du pluriel des imparfaits est en débat. Sébillet remarque que beaucoup la prononcent et écrivent sans *e* ; Du Bellay, dans la première édition de la *Deffence*, la note toujours en *oint* (*devoint* par exemple).

II. — Consonantisme

Il n'y a guère de changement d'articulation de consonnes au XVIe siècle. Tout au plus peut-on remarquer le sigmatisme (passage à [z]) qui affecte le [r] dans la prononciation populaire.

Erasme relève la prononciation *ma meze* pour *ma mere* et l'*Espitre du Biau Fys de Pazy* se raille des « musailles qui ont de rozeilles » (phénomène dont la langue moderne conserve *chaise* pour *chaire* et *besicles* pour *bericles*).

Les principales modifications concernent la restitution de la prononciation de certaines consonnes dans les groupes consonantiques ; les conditions de prononciation des consonnes finales.

1. **Consonnes implosives.** — Les consonnes implosives avaient disparu au XIIe siècle : ainsi le *r* de Cha*r*les, de Chambe*r*lan, ou le *s* de e*s*tre ; si bien que l'on avait un système de syllabe ouverte (consonne suivie de voyelle). Or, au XIVe siècle, se multiplient dans la graphie, en fin de syllabe, les consonnes appelées à marquer l'origine (o*b*server, su*b*jet, frui*c*t), à aider à la lecture de graphèmes voisins (de*b*voir) ou à distinguer les homonymes (doi*g*t). La réforme érasmienne rétablit les consonnes implosives dans la prononciation du latin, si bien qu'il y a réfection pour un certain nombre de mots français proches du latin : ado*p*ter, o*b*tenir, su*b*til, su*b*jet.

L'usage est panaché au XVIe siècle. Selon H. Estienne, *d* doit être prononcé dans *adversaire*, *admo-*

nester, mais *g* ne doit pas l'être dans *digne*. Pasquier remarque que Des Essars emploie *amonnester*, *contenner*, *sutil*, *calonnier*, *aministration*, mais proteste « d'estre resolu et ferme » dans son « ancienne prononciation d'admonester, contemner, subtil, calomnier, administrer ».

Le [s] implosif s'était, comme les autres consonnes dans cette position, généralement amuï, mais était maintenu dans les mots savants et dans les mots d'emprunt, si bien qu'il y a, au XVIe siècle, quelques hésitations. Pasquier relève que « De nostre temps ce mot d'honneste, auquel en ma jeunesse j'ay veu prononcer la lettre de *s*, s'est maintenant tourné en *e* fort long ». Les grammairiens dressent de longues listes de mots avec ou sans prononciation du *s*.

Fabri par exemple donne les conditions de prononciation du [s] dans le groupe *st*. Il est prononcé après *a (astuce*, *astrologue)* sauf *hastif* ; après *i (distance)*, sauf dans le groupe *str (maistre*, *paistre)* ; après *u (coustume*, *justice)* ; non prononcé après *e*, sauf *manifeste*, *estimation*, *reste*, *peste* ; après *o*, sauf *coste*, *poste*, *postulante*.

De la même manière, le rétablissement des consonnes géminées en latin a entraîné, à la fin du siècle, la prononciation du *f* et du *l* géminés en français. H. Estienne prononce les deux *f* d'*affection*, La Noue les deux *l* de *college*.

2. **Consonnes finales.** — Les consonnes finales se sont effacées dans la langue populaire au XIIIe siècle. (H. Estienne donne comme prononciation populaire parisienne *papie*, *plaisi*, *resveu*.) Dans la langue savante, leur prononciation est du domaine de la phonétique syntactique : elles sont prononcées en liaison devant voyelle et à la pause, mais disparaissent devant consonne, comme actuel-

lement encore dans la prononciation de *cinq* ou *huit (huit enfants, huit personnes, ils sont huit)*. Sylvius indique la prononciation *le femme son bone* pour *les femmes sont bonnes* et H. Estienne illustre ce phénomène de l'exemple suivant :

> « Vou me dite toujours que votre pays est plus gran de beaucoup et plus abondant que le notre e que maintenant vous pourrie bien y vivre à meilleur marché que nou ne vivon depuis trois mois en ceste ville mais tou ceux qui en viennet, parlet bien un autre langage : ne vous deplaise. »

Le [r] toutefois selon les grammairiens doit toujours être prononcé en finale. Mais, dans l'usage commun, il disparaît dans les infinitifs et mots en *er* et *ir* et les suffixes *oir* et *eur*, ce qui a permis, dans ce dernier cas, la création de féminins en *euse* (*menteuse* remplaçant l'ancienne *menteresse*, *chasseuse*, la *chasseresse*).

Quant au [l], Saint-Liens remarque que certains le prononcent, d'autres non, tels les courtisans. La prononciation [i] pour [il] *(fusil, gentil, sourcil)* se trouve dans les formules interrogatives *vient-i(l)*, explique le remplacement de *qu'il* par *qui* (chez Mathieu par exemple) et est à l'origine du tour controversé *celui qu'il dit qui est là*.

Les consonnes finales lorsqu'elles étaient prononcées étaient sourdes (prononciation *Jacop* à la pause pour *Jacob*, rime *long*, *onc*, ou *David*, *vit*). Dans la graphie, il y a eu cependant rétablissement par souci étymologique ou régularisation morphologique d'un certain nombre de sonores (tel *grand*) qui conservent la prononciation sourde en liaison (voir *grand enfant* ou *sang impur*).

CHAPITRE V

MORPHOLOGIE ET SYNTAXE

I. — Unification et différenciation des formes

Dans la multitude des formes, l'analogie (1) tend à unifier les radicaux et à différencier les marques morphologiques.

1. Le nom et l'adjectif,

A) *Unification du radical.* — En ancien français, la vocalisation du [l] en [u] devant [s] avait entraîné des alternances *cheval/chevaus* ; *oisel/oiseaus.* Au XVIe siècle, sur les pluriels en *eaux* sont refaits des singuliers en *eau* : *chasteau* pour *chastel*, *agneau* pour *agnel*, *peau* pour *pel.* Des formes concurrentes en *el* peuvent encore subsister, mais vieillissent au cours du siècle. Fabri, en 1521, recommande déjà de dire *oiseau* pour *oisel*, *pourceau* pour *pourcel.* Tabourot n'admet plus que pour un nombre restreint de mots la concurrence des deux formes.

Le mouvement de régularisation est même plus général que ne le laisse supposer l'état du français

(1) L'analogie est un des modes de pensée caractéristique du XVIe siècle, voir C. G. Dubois, *L'imaginaire de la Renaissance*, PUF, 1985, p. 53.

moderne. Pour les mots en *al* dont l'alternance n'est pas réduite en français moderne, se rencontrent sporadiquement des formes de singulier en *au*, tels *un animau*, *un chevau*, ou des pluriels en *als*, comme des *bocals*, des *canals* ou des *madrigals*. Pour les autres catégories avec alternance, certains pluriels adoptent le radical du singulier : *oeilz*, *genoilx*, *ciels*, *bails*, *espouvantails*, *licols*...

Les adjectifs *nouvel*, *bel*, *fol*, *vieil* tendent à se maintenir par analogie avec le féminin. La forme *vieux* est considérée par certains grammairiens comme vulgaire (si bien que l'on peut trouver un pluriel *vieils*).

Le souci d'un radical non affecté par la marque du pluriel se retrouve dans le rétablissement des consonnes finales devant *s*. Au Moyen Age, devant le *s* de flexion, elles avaient disparu de la prononciation, d'où l'alternance conservée encore en français moderne pour *œuf*, *œufs* (cette dernière forme prononcée avec *s* final au Moyen Age). Au XVIe siècle le témoignage des grammairiens est hésitant. Pour Palsgrave et Peletier, la consonne, même si elle est présente graphiquement, n'est pas prononcée, pour Meigret ou De Bèze, elle se fait entendre légèrement (à l'exception de *t* et de *d*). Les formes *enfant/enfans* subsisteront longtemps.

B) *Marque du genre de l'adjectif*. — La différenciation entre masculin et féminin des adjectifs (avec l'absence de *e* au masculin et sa présence au féminin) essaye de s'imposer. Aux XIVe et XVe siècles, les adjectifs épicènes (à forme unique au masculin et au féminin), issus de la deuxième classe des adjectifs latins du type *fortis*, avaient tendu à disparaître par adjonction d'un *e* au féminin (sous l'influence de la classe majoritaire du type *bon/bone* (issue de *bonum*, *bonam*)). Il subsiste néanmoins dans l'usage la possibilité d'utiliser au féminin quelques anciennes formes comme *grant* (voir encore les actuels *grand-mère* ou *grand-route*), *vert* (« crieur de saulce vert » chez Rabelais), *royal* (*lettres royaux* ou *royal promesse* chez Marot), le stéréotype *gentil femme* ou *tel* et *quel*.

Pour Palsgrave, *grant* peut être utilisé comme épithète antéposée, mais *grande* apparaît en épithète postposée ou comme attribut, règle qui n'est pas toujours observée en poésie. Pour les théoriciens du milieu de siècle, *grande* est la forme normale, *grand'* une forme apocopée. Il en est de même pour *tel* et *quel* dans les textes versifiés.

Par ailleurs, un certain nombre d'adjectifs qui possédaient un *e* au masculin le perdent. Ainsi les masculins des adjectifs en *ique* et en *ile* : *rustic*, *bellicq*, *poetic*, *public* (voir la concurrence en français moderne de *laïc* et *laïque*), *inutil*, *imbecil*, *infertil* et de quelques adjectifs isolés comme *indigest*, *benin* ou *malin* (pour *benigne*, *maligne*).

Le phénomène touche également les formes de participe présent et les adverbes en *ment*. Les formes en *ant* étaient épicènes au Moyen Age. Il y a, au XVIe siècle, tendance à l'extension du *e* ; toutefois, les anciennes formes, sans distinction de genre, subsistent également, renforcées ultérieurement par les cas d'invariabilité du participe présent.

Les adverbes en *ment* (qui ont pour origine une tournure périphrastique adjectif au féminin + *ment*, provenant du nom latin féminin *mente* « esprit ») subissent aussi des réfections. Certains adjectifs épicènes dans cette formation sont dotés d'un *e*. *Forment* cède la place à *fortement*, *granment* à *grandement*. *Prudemment* et *prudentement*, *violem-*

ment et *violentement* coexistent, mais le français a finalement conservé, correspondant aux formes en *-ant* et *-ent*, les anciennes formes de l'adverbe, à l'exception de *présentement* et *véhémentement*.

Pour les adverbes issus d'adjectifs terminés par voyelle du type *gaiement*, le *e* n'est plus prononcé, si bien que l'on trouve un double usage graphique : *hardiement*, *hardiment* ; *vraiement*, *vraiment*, subsistant pour *gaiement*, *gaîment*.

2. **Le verbe.** — Pour les verbes, les flexions majoritaires s'imposent. Les infinitifs en *-ir* gagnent du terrain : *querre*, *acquerre*, *courre* sont supplantés par *querir*, *acquerir*, *courir*, *suffire* et *confire* par *suffir* et *confir*. Il y a tendance à n'avoir que trois types de participes passés en é, *i* et *u*, avec extension des participes passés en *u* au détriment des participes forts en *s* ou *t* : *mordu* est ainsi en concurrence avec *mors*, *resolu* avec *resoult* et l'on utilise même des formes *sentu*, *requeru*...

A) *Le radical.* — Dans le radical du présent, se manifestent des tendances de réduction des dernières alternances non régularisées en moyen français, alternances dues au fait que l'accent latin ne frappait pas la même voyelle à toutes les personnes (par exemple *débes* = *dois*, *debēmus* = *devons* ; les trois premières personnes du singulier et la troisième personne du pluriel sont à radical fort).

Pour les verbes du premier groupe, la réduction a été presque totale dès le moyen français, faite souvent sur le radical faible. Il subsiste quelques alternances en [ɛ]/[a] (*declaire*/*declarons* ; *aime*/*amons* (verbe que Sylvius aurait aimé refaire en *a*)), en [ø]/[u] (*treuve*/*trouvons* ; *epreuves*/*eprouvons*) et, au début du siècle, en [je]/[e] (Palsgrave connaît *achieve*, *crieve*, *lieve*). Dans le troisième groupe (qui possède en français moderne encore de nombreux cas d'alternance), certains verbes deviennent au XVIe siècle défectifs comme *chaloir*, *souloir*, *saillir* ; pour les autres, la tendance à l'unification est forte : le XVIe siècle n'hésite pas à utiliser *dois/doivez* ou *buvons/buvent*.

Pour le radical du futur, inaccentué à l'origine, puisque ce temps est issu d'une tournure périphrastique (infinitif latin inaccentué et forme accentuée du verbe *habere* au présent), il y a réfection totale sur le radical de l'infinitif pour les verbes du premier groupe (*amerons* devient *aimerons*) ; il n'en est pas de même pour les autres groupes, quoique le XVIe siècle multiplie les formes *voiray*, *boirai*, *tiendrai*, *choirai*. *Assailliray* remplace *assauldray*, *cueilliray*, *cueudray*. *Failliray* et *faudray* sont tous deux employés par Meigret.

Le XVIe siècle connaît toujours par ailleurs certaines formes des verbes du premier groupe avec disparition du [ə] prétonique interne comme *donrai* pour *donnerai* ou *demourra* pour *demourera*, alors que certaines formes des verbes du troisième groupe sont dotées du [ə] svarabhaktique comme *attenderai* chez Dolet ou *tiendera* chez Marguerite de Navarre. Ronsard donne dans son *Abbregé de l'art poetique François* la règle suivante qui montre les concurrences possibles :

« Tu accourciras aussi (je dis en tant que tu y seras contrainct) les verbes trop longs : comme donra pour donnera, sautra pour sautera, et non les verbes dont les infinitifz se terminent en e, lesquelz au contraire tu n'allongeras poinct et ne diras prendera pour prendra, mordera pour mordra, n'ayant en cela reigle plus parfaicte que ton oreille, laquelle ne te trompera jamais, si tu veux prendre son conseil, avec certain jugement et raison. »

Le futur apparaît ainsi de plus en plus en relation avec le présent de l'indicatif ou avec l'infinitif.

B) *Les finales.* — Dans les verbes du premier groupe, la tentative de généralisation du morphème *a* comme morphème unique de passé (indicatif et subjonctif) n'a pas réussi pour le passé simple, mais a été pleinement opérante pour l'imparfait du subjonctif. La finale en *arent*, donnée par des grammairiens comme Sylvius ou Sébillet, employée par Du Bellay dans sa première édition de la *Deffence*, n'est plus à la fin du siècle qu'un gasconisme : « Gardez vous bien de dire aimarent à la mode de Gasgogne », écrit Maupas en 1607. Mais, à l'imparfait du subjonctif, alors que la première et la deuxième personnes du pluriel étaient en *issions* et *issiez (aimissions, aimissiez)*, au début du XVIe siècle, apparaissent les formes en *assions*, *assiez*, soutenues par Sébillet, Mathieu, Ramus. Pour Peletier, les formes en *issions*, fréquentes en Gasgogne et Languedoc, seraient imputables à une prononciation efféminée. H. Estienne, lui, essaye de justifier les formes exclusivement en *issions* données par son père, par des omissions à l'impression, preuve que les formes en *a* se sont assez rapidement imposées.

Quant aux désinences, les grammairiens du XVIe siècle essayent de différencier les personnes. Ils considèrent le *s* comme marque de seconde personne :

« Tu te dois garder de mettre s, aus premieres personnes singulieres des verbes de quelque moeuf ou temps qu'ilz soient : comme je voy... j'aimoye... je rendy... a cause que s, est note de seconde personne, aus Grecz et aus Latins... que si tu rencontres en Marot... je veys, je dys, je feis... et autres avec, s, appelle cela licence Poëtique... dy que c'est faute d'impression... ou l'attribue à l'injure du temps qui n'avait encor mis ceste verite en lumiere » (Sébillet).

Si, à la première personne du présent, Sylvius et Sébillet récusent l'emploi du *s*, Meigret l'utilise dans le cas de certains verbes devant un mot à initiale vocalique et donne parfois une double graphie ; Ronsard admet également l'usage des formes en *s* pour éviter l'hiatus (par ailleurs, pour les verbes du premier groupe, il existe encore des formes *pri* ou *suppli* sans *e*). Au passé simple, les théoriciens sont partagés tout comme l'usage des textes. Meigret dans ses paradigmes donne souvent les deux formes. A l'imparfait, trois formes entrent en concurrence : l'ancienne forme *oye*, *oy*, et *oys* qui triomphe à la fin du XVIe siècle. Les grammairiens du début du XVIe siècle donnent *oye*, alors que, dans les années 70, c'est la forme avec *s* qui prime pour des raisons d'euphonie. Ainsi, il semble que le *s* apparaisse plus comme élément permettant d'éviter l'hiatus que comme marque de personne.

Ce phénomène est à mettre en rapport avec la variété des formes de l'adverbe doté ou non du *s* adverbial pour des raisons d'euphonie : *certes*, *certe* ; *guere*, *gueres* ; *encor*, *encore*, *encores*.

A la troisième personne du singulier, certaines finales sont refaites sur le radical de l'infinitif en *d*. Meigret réprouve ces *perd*, et *fend* non conformes à la prononciation qui, en liaison, fait entendre un *t* (présent aussi à la troisième personne des verbes du premier groupe : « Nous disons dine-ti, ira-ti et ecrivons dine-il, ira-il », remarque Peletier).

La tendance à la distinction touche les désinences : les formes en *ons*, et *ez* du subjonctif présent, employées encore par Marot par exemple, sont peu à peu supplantées par les formes en *ions* et *iez* apparues en moyen français et, à la fin du siècle, les premières appartiennent principalement à l'usage gascon.

3. Les marques du nombre et de la personne. — Les formes du substantif, les formes du verbe sont inaptes à marquer le nombre et la personne à l'oral (l'éventuelle prononciation du *s* étant soumise à la position du mot dans le syntagme), d'où le développement de l'article et du pronom personnel.

Ronsard, dans l'*Abbregé de l'Art Poetique*, est formel :

« Tu n'oublieras jamais les articles et tiendras pour tout certain que rien ne peut tant defigurer un vers que les articles delaissez »,

et il a tendance dans ses corrections à l'introduire là où il l'avait primitivement omis.

Par rapport à l'ancien français où l'actualisation n'était pas nécessaire pour les mots pris dans leur extension la plus générale et pour les noms abstraits, il existe au XVIe siècle une généralisation de l'article qui, comme le dit Meigret, est utilisé devant les « noms comuns, generaos, e specifiqes ». Si *nature* est fréquemment sans article (peut-être dans une pensée allégorisante), celui-ci devient de plus en plus régulier avec des mots comme *vertu*, bien qu'au début du XVIIe siècle, Maupas remarque qu'il n'est pas indispensable pour « les noms dont l'essence ne gist point en matiere corporelle, ains en intellectuelle ». Comme l'indique Meigret, l'article est omis avec les noms propres (et souvent les noms de rivières, montagnes, provinces ou pays) et dans sa fonction attribut. L'indéfini *(tel, pareil, même, autre)* suffit généralement à l'actualisation et le superlatif relatif, souvent non pourvu de l'article, n'est pas alors distinct du comparatif.

Le pluriel de *un* survit pour désigner des objets à éléments symétriques : *uns ciseaux* ou des mots employés au pluriel collectif : *unes nopces*, *unes orgues*, *unes chausses*. L'article partitif, dont la valeur est reconnue par les grammairiens comme H. Estienne, Ramus ou Maupas, n'est pas toujours exprimé et est plus rare en proposition négative.

Le pronom personnel sujet devient de plus en plus fréquent pour l'actualisation du verbe. Ronsard ajoute à sa prescription de l'article : « Autant en est-il des pronoms primitifs, comme, je, tu, que tu n'oublieras non plus, si tu veux que tes carmes soyent parfaicts et de tous poinctz bien accomplis. » Son omission est blâmée par Ramus et R. Estienne. Le pronom est toutefois souvent absent dans les phrases qui comportent un complément circonstanciel en tête, avec les locutions impersonnelles et en cas de coordination et il semble que Ronsard fasse une distinction entre les deux premières personnes et la troisième où il est plus fréquemment omis pour des raisons stylistiques.

Dans les *Essais* de Montaigne, après *et*, il y a degré zéro du pronom personnel sujet dans 99 % des cas de phrase à un seul sujet et dans 69 % des phrases à sujets différents (« la ceremonie nous emporte, et laissons la substance des choses »), voir M. Papic, *L'expression et la place du sujet dans les Essais de Montaigne*, PUF, 1970. L. Terreaux, *op. cit.*, p. 126, remarque que, dans certaines corrections, Ronsard le supprime après coordination.

L'emploi pléonastique du pronom est par ailleurs assez bien représenté, lorsque le sujet est séparé de son verbe par une proposition.

Le XVIe siècle connaît la concurrence pour les formes prédicatives du sujet entre *je*, *tu*, *il*, *ils* et *moi*, *toi*, *lui*, *eux* (dont l'emploi comme formes prédicatives du sujet s'est développé en moyen français). Aussi trouve-t-on encore des formes du type *je* éloignées de leur verbe et la survivance du tour *ce sui je* qui pose quelque problème d'interprétation aux grammairiens, et que Meigret préfère à *c'est moi* qui lui semble fort « incongru ».

4. **Les noms de nombre.** — Pour les nombres ordinaux, le XVIe siècle offre deux séries : *prin* ou *prime* (assez rare), *second*, *tiers*, *quart*, *quint*, à côté de *premier*, *deuxiesme*, *troisiesme*, *quatriesme*, *cinquiesme*, le rapprochement avec les nombres cardinaux invitant à privilégier cette dernière.

L'utilisation de l'ordinal, souvent marqué dans les textes par le chiffre suivi d'un point, est de règle dans les dates, la désignation de souverains et de papes, les indications de chapitres ou de pages (alors que les grammairiens du siècle suivant discuteront dans ces cas de la concurrence de l'ordinal et du cardinal).

Dans les nombres cardinaux, pour les chiffres des dizaines, entrent en concurrence, les nombres hérités du latin : *septante*, *octante* (ou *huytante*) et *nonante* (pour Palsgrave, habitude des gens instruits) et les nombres *soixante-dix*, *quatre-vingts* et *quatre-vingt-dix* (manière de compter plus courante selon Meigret).

La numération vicésimale est encore bien représentée : *six vingts*, *sept vingts*, *onze vingts* et l'emploi du *et* est de règle devant les unités (« dix et huyt », « trois cent mille et un »).

II. — Multiplication et spécialisation des formes

1. **Les démonstratifs.** — Pour les démonstratifs, il se fait une spécialisation grammaticale des formes. L'ancien français opposait les démonstratifs *cist*

et *cil* en fonction de la proximité ou de l'éloignement ; ils pouvaient être employés indifféremment comme adjectif ou comme pronom (avec tendance pour *cest* et *cel* à en faire des adjectifs et pour *cestui* et *celui* des pronoms). L'adoption au pluriel de l'adjectif indifférencié *ces* aboutit à l'absence de différenciation spatiale qui devra alors être marquée par l'adjonction des adverbes *ci* et *là* et, au XVIe siècle, on arrive à une spécialisation partielle des fonctions.

Les adjectifs représentés dans la langue courante sont *ce*, *cest*, *ceste* et *ces*. L'utilisation comme adjectif de *cestui*, *celui*, *ceux*, *cestes* et *celles*, fréquente chez Du Bellay par exemple, semble devoir être imputée à des particularités régionales (2). *Celle*, adjectif, ne survit que dans l'expression *à celle fin que* (altérée en à *seule fin que*) et chez Scève.

Pour les pronoms, la détermination se fait soit par une relative ou un complément du nom et, dans ce cas, sont employées les formes simples *celui*, *celle*, *ceux* et *celles* (et sporadiquement dans l'usage littéraire *cil*), soit par les adverbes *ci* ou *là* (les formes non précisées par *ci* ou *là* se trouvent chez les auteurs du Poitou ou de l'Anjou) et, dans ce cas-là, les formes sont composées avec *cestui*/*celui*, *ceste*/*cele*/*ceux*, *cestes* et *celles*, avec une préférence au singulier pour les pronoms en *cest*.

L'état du pronom démonstratif chez Montaigne tel qu'on peut le restituer grâce à la concordance des *Essais* établie par R. E. Leake est particulièrement significatif. A côté des multiples emplois de *celuy*, *celle*, *ceux* et *celles* avec relative ou complément

(2) Pour l'histoire du démonstratif, voir A. Dees, *Etude sur l'évolution des démonstratifs en ancien et en moyen français*, Groningen, Wolters-Noordhoff, 1971.

du nom, on relève pour les formes qui incluent leur détermination au pluriel uniquement des formes *ceux* et *celles* et au singulier :

cettuy-cy	99	*celuy-cy*	1
cettuy-icy	1		
cettuy-là	5	*celuy-là*	72
cette-cy	85	*celle-cy*	1
cette-là	7	*celle-là*	48

Montaigne oppose ainsi *cettuy-cy* à *celuy-là* et *cette-cy* à *celle-là*, et l'on peut remarquer que les formes en *cet-* sont majoritaires au singulier. Il en est de même dans les *Tragiques* de d'Aubigné, quoique les formes soient en nombre très limité (*cettuy-ci*, 8 ; *cettuy-là*, 2 ; *celuy-là*, 2 ; *cette-ci*, 3 ; *celle-là*, 3) ; (*celuy-ci*, *cette-là* et *celle-ci* ne sont pas représentés).

Meigret dans sa grammaire cite *cestuy-ci*, *cestuy-là* face à *celui qui*.

Par ailleurs, il existe des formes avec *i* — *(iceluy)*. Elles sont données par Meigret comme étrangères à la langue courante des courtisans, mais propres à celles des praticiens ; elles semblent caractéristiques d'une langue écrite et d'un style solennel (selon A. Dees qui mentionne sous la plume de Calvin leur fréquence dans l'*Institution* ou les *Lettres* et leur rareté dans les *Sermons* où « se reflète le style oral du prédicateur »).

2. **Le possessif.** — Pour le déterminant possessif devant un mot féminin à initiale vocalique, les formes élidées *(m'espée)* ne survivent guère que pour *amie* et *amour*, le remplacement par le possessif masculin étant un fait acquis dès le XVe siècle.

Il semble qu'il faille dater du XVIe siècle le départ

formel entre déterminant et pronom pour le possessif de 1re et 2e personnes du pluriel : *nostre*, *vostre* (pour lesquels il a dû exister une prononciation en [u]). Th. de Bèze fait une différence entre *nŏstre maison* et *la nōstre*.

Ainsi, comme pour le démonstratif, on note une tendance à la distinction entre adjectif et pronom qui se retrouve aussi pour l'indéfini *chaque* qui devient usuel au milieu du siècle comme déterminant au détriment de *chacun* (il n'est dans l'ensemble des *Essais* que trois emplois de *chacune* comme adjectif). L'on notera par ailleurs un emploi plus étendu des formes fortes du possessif qui fonctionnent comme de véritables adjectifs qualificatifs (« fantasies humaines et miennes ») pouvant se combiner avec les déterminants : article, démonstratif, indéfini (« un mien amy, ce mien bastiment, quelque sienne devotion »). Il faut également souligner le maintien de la tournure avec pronom personnel pour marquer la possession (« le mary d'elle »).

3. Le relatif. — Si l'on reprend la distinction de R. Martin et de M. Wilmet (3) entre d'une part les emplois « autarcique » (sans antécédent) et prépositionnel (caractérisés tous deux par une opposition entre *qui* pour l'animé et *quoi* et *que* pour l'inanimé) et d'autre part « l'emploi évocateur » (avec antécédent) qui oppose *qui* sujet et *que* régime, le français du XVIe siècle offre quelques particularités intéressantes. Dans la première série d'emplois, il n'est pas rare de trouver un *qui* avec référent inanimé (« le doulx traict par qui je

(3) R. Martin et M. Wilmet, *Syntaxe du moyen français*, Sobodi, 1980, p. 244.

fus blessé » ou « qui pis est »), marquant l'abolition de l'opposition de genre ou un *quoy* se rapportant à des personnes (« l'homme de quoy nous parlons »).

Dans les emplois évocateurs, *que* peut être utilisé comme relatif sujet (« ce que sembloit indecent »). Cette extension en moyen français peut être due à une tentative de simplification des fonctions du relatif.

L'une des particularités du XVIe siècle est, en effet, des trois fonctions principales du relatif (représentant de l'antécédent, rôle syntaxique dans la proposition qu'il introduit, ligature) de privilégier pour le relatif hérité du latin les fonctions de représentation et de ligature. Ainsi la fonction dans la relative est fréquemment marquée par un autre représentant, pronom personnel ou possessif ; cette marque de fonction peut être alors redondante (« dresserent un grand boys auquel y pendirent une salle d'armes ») ou permettre le maintien d'un *que* qui tend à devenir relatif universel. Par ailleurs, la fonction de ligature apparaît comme particulièrement importante avec, à l'imitation du latin, développement du relatif de liaison.

Toutefois, l'extension de *lequel* qui appartenait tout d'abord à la langue écrite (et auquel Meigret préfère *que* « de melleur grace » et que Ronsard élimine impitoyablement de ses premières œuvres où il en usait fréquemment (4)) permet de mettre en valeur par un jeu de multiplication de formes analytiques les fonctions. Cependant, là encore, on peut rencontrer la tendance au relatif invariable

(4) Voir L. Terreaux, *op. cit.*, p. 146. Cet « outil conjonctif le plus caractéristique du XVIe siècle » a des fréquences diverses selon les auteurs, voir A. Lorian, *op. cit.*, p. 233.

lequel et au transfert de sa fonction dans la proposition sur un autre représentant.

Lequel est utilisé dans des tournures très variées. Il est aussi adjectif relatif et d'emploi courant comme ligature (« A laquelle voix se leva Pantagruel », « auquel cas ») ; le XVIIe siècle le restreint à la langue de la pratique et de la médecine.

L'antécédent de la relative peut être éloigné de son pronom : il peut s'agir d'une proposition entière, et il n'y a pas alors nécessité de reprise de son contenu par *ce*. Par ailleurs, dans l'emploi autarcique, le référent du relatif peut être représenté dans la principale par un pronom personnel ou être totalement étranger à cette principale, la relative équivalant à une hypothétique que l'on peut gloser par *si on* (« qui vous vouldroit escouter, la journée se passeroit en querelles » ; « tout vient à point qui sait attendre »).

4. **Prépositions et adverbes.** — Un certain nombre de formes sont ambivalentes, pouvant être utilisées comme prépositions et adverbes : *sus*, *parmi*, *dedans*, *dessus*, *dessous*, *devers*, *dehors*... La langue spécialisera les formes avec *de* pour l'adverbe et les formes simples pour la préposition au XVIIe.

C'est au XVIe siècle que prend corps la correspondance *dedans/dans* avec le développement de *dans*, rare avant 1550 et introduit dans la langue littéraire par Ronsard.

Ronsard, qui l'utilise dans les années 1555 dans 15 % des cas, en restreint toutefois l'emploi à partir de 1567. Chez Montaigne, il est beaucoup moins fréquent : 5 940 emplois de *en* contre 282 de *dans* (utilisé surtout devant élément concret) et 6 de *dedans*.

Dans triomphera au XVIIe siècle de *en* isolé dans

le système et soumis à la diversité des formes contractées. L'ancienne langue qui connaissait les formes enclitiques avec *de (du, des)*, avec *a (au, aux)* avait pour *en* au singulier la forme *el* devenu *ou* et parfois *on* (fréquent chez Rabelais) et au pluriel *es*. Le XVIe siècle confond les formes *au* et *ou* (qui disparaît au milieu du siècle). Du Bellay peut ainsi écrire *en la statue*, au *tableau* (voir l'alternance moderne *au printemps*, *en été*) ; il y a ainsi utilisation de *en l'*, *en la*, *au*, *es*, *aux*. Le développement de la préposition *dans*, pour limité qu'il soit tout d'abord, permet de remédier à cette confusion.

Les adverbes sont particulièrement nombreux, indépendamment de l'extraordinaire développement des formes en *ment* (voir *supra*, p. 78). Il suffit de parcourir les listes que donne Maupas ou de relever les exemples qui illustrent le classement sémantique que fournit Meigret.

5. **La conjonction.** — La multiplicité des conjonctions est remarquable. La comparaison avec le français moderne (5) montre la variété des formes.

La classification des conjonctions causales par ordre décroissant d'utilisation faite par E. Borlé donne les indications suivantes : *parce que*, *pource que*, *d'autant que*, *puis que*, *veu que*, *à cause que*, *comme*, *attendu que*, *de ce que*, *non que*, *non pas que*, *sur ce que*, *pour autant que*, *d'autant plus que*, *pour tant que*, *maintenant que*, *ainsi que*, *aussi que*, *de tant que*, *consideré que*, *pour cause que*, *dont*, *entendu que*, *veu et entendu que*, *pour l'occasion que*, *c'est que*.

(5) Voir E. Borlé, *Observations sur l'emploi des conjonctions de subordination dans la langue du XVIe siècle*, Paris, Belles-Lettres, 1927.

Il se crée au XVIe siècle des conjonctions qui adoptent toutes la forme analytique : *autant que*, *d'autant que*, *d'autant plus que*, *pour autant que*, *à cause que*, *de crainte que*, *de façon que*, *en façon que*, *de manière que*, *de telle sorte que*, *encore que*, *outre que*, *suivant que*... Dans les *Essais*, Montaigne utilise les conjonctions temporelles *cependant que*, *pendant que* comme conjonctions adversatives. Le XVIe siècle introduit pour marquer l'alternative *soit que... ou*, *soit que... soit que* (ainsi que *tantôt... tantôt*). Au cours du siècle, toutefois, un certain nombre de conjonctions disparaissent. Malherbe, dans son commentaire de Desportes, déclare *si que*, *ainz que* vieillies.

Parallèlement, on assiste au XVIe siècle à une tendance à utiliser une sorte d'universel *que* qui ne précise pas la valeur circonstancielle, à côté des formes qui marquent analytiquement cette valeur.

Pour la comparaison d'égalité, la tournure la plus fréquente fait appel à *comme*, alors que dans les autres comparaisons, il est utilisé *que* ou même *de* avec pronom ou expression numérique. Le XVIIe siècle généralisera l'emploi de la conjonction *que*, marque d'une plus grande abstraction.

En indépendante ou principale, le subjonctif est fréquemment employé sans *que*.

6. L'extension des formes nominales. — L'usage des formes nominales du verbe se développe considérablement. La proposition infinitive d'imitation latine se multiplie avec les verbes de parole, de savoir, de crainte, surtout en prose (elle est rare chez Ronsard). L'infinitif de narration, apparu en moyen français, se répand (« lors flaccons d'aller, jambons de trotter, goubeletz de voler » (Rabelais)).

L'infinitif prépositionnel est fréquent avec *depuis*, *après*, *par*, et, comme on l'a vu, l'infinitif substantivé avec la caution du grec et de la Pléiade est particulièrement prisé. Il peut être à l'infinitif passé, passif, pourvu d'adverbe ou de complément. La construction de l'infinitif absolu passé, plus rare (« Pantagruel avoir entièrement conquesté le pays de Dipsodie en icelluy transporta une colonie de utopiens »), est aussi rapportée au grec.

Avec l'infinitif, comme au XVe siècle, il y a tendance à utiliser devant cet infinitif les formes prédicatives du pronom de 1re et 2e personnes et la forme faible du pronom de 3e personne (« pour moy veoir », « pour le veoir ») et lorsque l'infinitif dépend d'un verbe à mode personnel, le pronom complément de l'infinitif à la forme faible précède généralement le verbe conjugué (« je la veux veoir »).

Le XVIe siècle privilégie les périphrases verbales (6). Il existe toujours les périphrases duratives chères au Moyen Age. *Aller* + forme en *ant* (qui peut prendre la marque du nombre) est encore bien représentée au XVIe siècle surtout en poésie. Ramus la trouve fort élégante, Muret la rapproche du grec et elle était fréquente chez les pétrarquistes italiens. La périphrase *estre* + forme en *ant*, dont il survit de nombreux exemples au cours du XVIe siècle, est condamnée à l'aube du XVIIe siècle par Malherbe et par Deimier.

Le XVIe siècle crée aussi ses périphrases : *ne faire que de* pour le passé récent, *faillir à* ou *de* pour l'action presque accomplie, *estre apres* pour la durée. Il a ainsi à sa disposition des formes variées. Pour l'expression du futur prochain se font

(6) Voir G. Gougenheim, *Etude sur les périphrases verbales dans la langue française*, Paris. Nizet, 1929.

concurrence, selon G. Gougenheim, *vouloir* + infinitif chez les écrivains influencés par le gascon, *estre pour* + infinitif vraisemblablement venu de l'italien au XVe siècle, mais à qui Henri Estienne donne un équivalent grec, *s'en aller* + participe passé, *aller* + infinitif, périphrase née dans la langue parlée du XVe siècle comme le montre sa fréquence dans les dialogues où, souvent utilisée à la première personne, elle est particulièrement expressive. Cette dernière périphrase peut aussi avoir une valeur inchoactive et marquer le début brusque d'une action (il *va dire* : « il dit tout d'un coup »).

Les formes en *-ant* se multiplient. Cette dénomination englobe gérondif, participe présent, adjectif verbal, qui ne sont pas formellement distingués au XVIe siècle comme dans l'usage actuel, puisque le gérondif n'est pas toujours doté de la préposition *en*, que le participe présent (forme originellement épicène) peut être invariable, varier en nombre seulement ou en genre et que l'adjectif verbal peut être invariable.

Le participe présent a pour lui la caution du grec. Il est fréquent chez les prosateurs comme Rabelais, ou du Faïl, mais aussi chez Scève ; Ronsard tend à le supprimer. Les formes en *ant* peuvent être substantivées comme les infinitifs.

L'usage du participe absolu popularisé par les traducteurs est très répandu au XVIe siècle, aussi bien participe présent cher à Scève, que participe passé. Comme en moyen français, le participe passé est fréquemment employé avec un substantif dépendant de préposition (« après les lettres leues »).

Le développement des formes nominales surtout après 1540 dote le français d'un outil qui permet la liaison d'idées parallèles et l'imbrication synthétique qui est, avec l'emphase, une des deux tendances majeures de la prose narrative (7).

A côté de l'imbrication synthétique, le XVIe siècle pratique la « coordination synthétique » (voir G. Antoine, *La coordination en français*, Paris, d'Artrey, 1958), c'est-à-dire la mise en facteur commun d'un élément généralement mot-outil : article, possessif, préposition, pronom sujet ou conjonction de subordination (Montaigne peut ainsi écrire « le pere et mere de Platon »).

III. — Débats syntaxiques et diversité des usages

Le renforcement de la négation, l'*auxesis negationis*, comme dit Sylvius, est objet de débat au XVIe siècle. Sylvius s'y attarde tout comme Bovelles ou Meigret. En 1549, R. Estienne lui consacre de longs développements dans les rubriques de la seconde édition de son dictionnaire et Henri Estienne en 1565 se fait encore l'écho des diverses hypothèses sur leur origine ou sur leur valeur positive ou négative.

Pas provient selon Sylvius et Bovelles de *passus*, selon Meigret du grec ; *mie* de *mica* pour Sylvius, de *minime* pour Bovelles, de *medium* pour d'autres, du grec μή pour Trippault qui le donne comme « ancien mot françois » ; Bovelles note que *pas* est largement usité des Parisiens alors que les Belges utilisent fréquemment *point* ou *mie*.

Pour Sylvius, *rien* (8) est à tort considéré comme l'équivalent de *nihil* ; puisque, pour être négatif, il est toujours accompagné de la négation, il correspond à « quelque chose », à *res*. *Res* étant transcen-

(7) Voir A. Lorian, *op. cit.*, p. 195-222.
(8) Voir sur les emplois de ce mot, R. Martin, *Le mot « rien » et ses concurrents en français*, Paris, Klincksieck, 1966.

dant selon les dialecticiens et signifiant toute chose devient avec la négation le synonyme « d'aucune chose ». H. Estienne précise que, dans ces conditions, « nous ne debvons pas nous tant mocquer de ceux qui disent quelque rien, au lieu de quelque chose ». Il rappelle que, de la même manière, il y a débat au sujet de *personne* qui, pour lui, « n'emporte point negation... et ne signifie pas Nul, mais Aucun ».

Certains redonnent à *nul*, conformément à son étymon *nullus*, son statut négatif, et suppriment la négation qui lui était adjointe depuis le Moyen Age. Rabelais n'hésite pas à introduire son fameux *ulle* dans le *Quart Livre* : « Reste il icy... ulle ame montonniere », mais Sylvius remarque dans *nul... ne* un doublement de la négation à l'imitation du grec pour exprimer un renforcement de l'idée négative.

Pas et *point*, adverbes qui conservent une virtualité positive, peuvent être utilisés sans négation dans l'interrogation. Pour Meigret qui les range dans les adverbes marquant la véhémence, ils enlèvent l'incertitude inhérente à toute interrogation.

> « Or uzons noủ d'eus tousjours ęn negativę, tout einsi qe d'onqes avęrbe tęmporęl : sinon ęs intęrrogaçíons, e' qelles nous ęn pouvons uzer sans negative : come yré' vou' pas a Rome ? a vous point eté a Líon ? La ou ces avęrbes sęmblet qazi otter le doute q'ęmportet l̨es interrogaçíons : ę qe qazi l'intęrrogant le tiene pour fęt, ou vull' ętre executé çe dont il s'enqiert, come, s'il vouloęt dire, vous yrez a Rome, vous avez eté a Lion. »

Sylvius voudrait que les renforcements soient ramenés à leur famille d'origine et que *pas* et *point* expriment la quantité. Certains auteurs font preuve d'un usage artificiel de la négation né de ces réflexions sur le renforcement.

Rabelais utilise le renforcement de la négation

avec des verbes appartenant au même champ notionnel *(n'entendre note, ne manger mie)* ; *pas* est présent pour l'espace, *point* pour la quantité. Cet usage est acquis dans l'édition de 1534 de *Pantagruel* par de profondes modifications par rapport à l'édition originale : ainsi *pas*, présent dans 36 % des renforcements, n'en représente plus que 8 % en 1534. *Pas* et *point*, mis à part les cas où ils sont objet de jeu de mots mettant en valeur leur origine, sont soumis à une syntaxe rigide, puisqu'ils sont postposés. A partir de 1534, les renforcements d'origine adverbiale offrent une grande liberté de position dans la phrase avec prédilection pour une antéposition *(plus ne, ja ne)*, contrairement à l'usage commun.

Selon Palsgrave et Sylvius, la négation composée donne de l'emphase à la négation ; comme l'a montré S. G. Neumann (9), elle est fréquente dans le cas de l'impératif négatif, la négation constituant alors l'élément central de l'énoncé.

Meigret remarque combien les suppressions de certains renforcements, préconisées par certains, sont étrangères à l'usage commun :

> « Finablement nous avons infiníes façons de parler qi se trouveroęt bien froędes, si nou' leur 'retranchions pas, ou point : come, il n'a diz ans, pour il n'a pas diz ans. Il n'a arjent, pour il n'a point, il n'y va, pour il n'y va pas, il n'ęn' n'a, pour il n'ęn a point. Somme qe qui voudra casser pas, ę point, de notre langue, aora aussi bone ręzon de casser aocunemęnt, nullemęnt, toutallement : come, qi sont tous de męme sinifiçaçíon : ny ne sont point de melleur raçe ne sourse qe pas, ę point : lę'qels sont d'avantaje deçharjez de multitude de syllabes, ę plus familiers a la prononçiaçíon. Ou ęt cęluy qi ne die plutót je ne l'ey point, ou pas fęt, que je ne l'ey nullemęnt ou aocunemęnt fęt ? »

(9) S. G. Neumann, *Recherches sur le français des XVe et XVIe siècles*, p. 216.

alors que Maupas considère que *pas* et *point* ne sont que « remplissage de négation ».

L'accord du participe passé avec *avoir* est objet de débat au XVIe siècle. Meigret tient à l'invariabilité considérant l'accord comme « lourdes incongruités reçues pour bien courtizanes, elegantes ». Ramus partage l'observance de la règle formulée par Marot, qui correspond à l'usage actuel, mais est fort peu respectée dans les textes du XVIe siècle :

« Nostre langue a ceste façon
Que le terme qui va devant
Voluntiers regist le suyvant.
Les vieux exemples je suyvray
Pour le mieulx : car à dire vray
La chanson fut bien ordonnée
qui dit : m'amour vous ay donnée
Et du bateau est estonné
Qui dit : m'amour vous ay donné...
Il faut dire en termes parfaictz
Dieu en ce nomde nous a faictz
Fault dire en parolles parfaictes
Dieu en ce monde les a faictes ».

La diversité des usages syntaxiques invite à la prudence. Il est difficile de déterminer dans cette période de recherches grammaticales ce qui relève de l'usage courant ou de la pratique individuelle. Certaines constructions que l'on pourrait être tenté de prendre pour des archaïsmes, comme l'absence de renforcement, proviennent en fait de réflexions subtiles sur l'utilisation des mots-outils et leur valeur.

Il faudrait ainsi dans l'emploi des temps et des modes relever les influences diverses, rendre compte par exemple dans le détail, en fonction des niveaux de langue et des genres, de la concurrence entre l'indicatif et le subjonctif dans les complétives pour les verbes de crainte, de sentiment ou d'opinion, déceler les modes éventuelles, les évolutions au cours du siècle.

Le développement des moyens informatiques, en facilitant les comparaisons, devrait permettre dans le domaine syntaxique, tout autant que dans celui du lexique, des progrès remarquables.

CONCLUSION

Les essais de régularisation de la langue conduisent à une prolifération d'hypothèses et de paradigmes, à une multitude de systèmes que la fonction unificatrice de l'imprimerie ne saurait laisser coexister et, si l'on débat au XVIe siècle sur les rapports de l'usage et de la raison, c'est en fait souvent dans les ateliers qu'est résolu le dilemme au profit du premier. Toutefois, malgré l'absence d'une unification rationnelle (par laquelle certains voudraient conjurer la malédiction de Babel), et si a souvent prévalu la *mediocritas aurea* célébrée par Horace et chère à la pensée du XVIe siècle, de cette effloraison linguistique se sont épanouies la grammaire, la lexicologie et l'orthographe françaises.

L' « illustration » du français est inséparable tout au long du siècle des concepts de restitution et d'appropriation. Le mouvement de la Renaissance se désigne alors par les termes de restauration et de restitution : « restitution des bonnes lettres », restitution des langues (1), restitution du français dans sa « pristine naifvete » ; cette restitution est historique et linguistique et, pour ce faire, l'appropriation est partout invoquée. Aneau approprie « les mots grecz à la diction françoise », Peletier

(1) Voir J. Plattard, Restitution des bonnes lettres et Renaissance, *Mélanges Lanson*, p. 128-131.

approprie l'art poétique d'Horace à notre poésie française, et, selon Bosquet, les uns souhaitent « approprier l'orthographe à la prolation, autres la prolation à l'orthographe ». Les recherches d'Erasme sur la langue, des théoriciens italiens sur sa mise en règles sont toutes assimilées par la réflexion linguistique française et il faudrait pouvoir invoquer toutes les voix néo-latines, toutes celles des compilateurs qui ont aidé à cette fusion.

Cette appropriation suppose la reconnaissance d'une universelle harmonie (comme titre Guichard), d'une conjonction de toutes les choses du langage, « conjonction des quatre langues » que Charles de Sainte-Marthe voulait immortaliser en un autre titre, conjonction de toutes les langues dans les trésors du début du XVIIe siècle ou déjà en 1555 dans le premier grand recueil polyglotte qu'est le *Mithridates sive de differentiis linguarum tum veterum tum quae hodie* de Conrad Gesner qui écrit le *Pater* en 22 langues.

C'est aussi une image de conjonction que celle du « bastiment de la langue française » si fréquemment utilisée dans les ouvrages des théoriciens. Les voyelles sont liées avec les consonnes comme la chaux avec le sablon. La réalité phonétique et phrastique montre que le mot peut changer de forme ou de prononciation en fonction de sa place dans la phrase, les ligatures se multiplient (alors qu'existe paradoxalement une tendance à l'autonomie du mot dans les listes ou dictionnaires et dans toutes les discussions sur les liens entre *res* et *verbum*). Image de conjonction encore, celle de la chaîne de l'Hercule Gaulois qui lie les auditeurs attachés l'un à l'autre par l'oreille à sa langue percée. Cette image, tirée de Lucien et popularisée par Tory, grand harmoniste du concert linguistique, met en valeur les origines mythiques du français, l'aspect social du langage, les prestiges de la rhétorique et la supériorité du français sur le latin et grec, puisque ce parangon d'éloquence était non pas latin ou grec, mais bien *Hercules Gallicus*.

BIBLIOGRAPHIE

La plupart des ouvrages des théoriciens du XVIe siècle ainsi que les dictionnaires ont été réimprimés en fac-similés par les éditions Slatkine (pour Bovelles, voir le fac-similé du texte latin et sa traduction par C. Demaizière, Paris, Klincksieck, 1973).

Comme ouvrages de synthèse sur la langue au XVIe siècle, on consultera :

F. Brunot, *Histoire de la langue française des origines à nos jours*, t. II : *Le XVIe siècle*, Paris, Colin, 1967.

A. François, *Histoire de la langue française cultivée des origines à nos jours*, Genève, Julien, 1959.

G. Mounin, *Histoire de la linguistique des origines au XXe siècle*, Paris, PUF, 1967.

P. Rickard, *La langue française au XVIe siècle*, Cambridge, University Press, 1968.

I. — Langues et langage

B. Bowen, *Words and the man in French Renaissance literature*, Lexington, French forum, 1983.

C. G. Dubois, *Mythe et langage au XVIe siècle*, Bordeaux, Ducros, 1970 ; *Celtes et Gaulois au XVIe siècle. Le développement littéraire d'un mythe nationaliste*, Paris, Vrin, 1972.

M. Foucault, *Les mots et les choses*, Paris, Gallimard, 1966.

La lettre, la figure, le rébus dans la poétique de la Renaissance, *Revue des Sciences humaines*, 1980, 3.

G. Norton, *The ideology and language of translation in Renaissance France and their humanist antecedents*, Genève, Droz, 1981.

Les rapports entre les langues au XVIe siècle, Actes du colloque de Sommières, 1981, *Réforme, Humanisme, Renaissance*, 15 (1.2), 1982.

II. — Codifications

A / *Grammairiens*

J.-Cl. Chevalier, *La notion de complément chez les grammairiens, étude de grammaire française (1530-1750)*, Genève, Droz, 1968.

C. Demaizière, *La grammaire française au XVIe siècle : les grammairiens picards*, Paris, Didier, 1983.

Histoire, épistémologie, langage, t. IV, 1982.

L. Kukenheim, *Contributions à l'histoire de la grammaire italienne espagnole et française à l'époque de la Renaissance*, Amsterdam, 1932.

Ch. Livet, *La grammaire française et les grammairiens du XVIe siècle*, Paris, Didier, 1859.

S. G. Neumann, *Recherches sur le français des XVe et XVIe siècles et sur la codification par les théoriciens de l'époque*, Copenhague, Munksgaard, 1959.

B / *Orthographe*

Ch. Beaulieux, *Histoire de l'orthographe française*, Paris, Champion, 1927.
N. Catach, *L'orthographe française à l'époque de la Renaissance*, Genève, Droz, 1968.
M. Huchon, Miroirs de la parole ; l'invention des systèmes orthographiques du XVIe siècle, *Eidôlon*, 1985, 26, p. 65-86.

C / *Lexicographie*

Ch. Beaulieux Liste des dictionnaires, lexiques et vocabulaires français antérieurs au « thresor » de Nicot (1606), *Mélanges Brunot*, Paris, Champion, 1904, p. 371-398.
B. Quemada, *Essai de bibliographie générale des dictionnaires, vocabulaires et glossaires français, liste provisoire*, Besançon, 1967.
B. Quemada, *Les dictionnaires du français moderne, 1539-1863, étude sur leur histoire, leurs types et leurs méthodes*, Paris, Didier, 1968.
T. R. Wooldridge, *Les débuts de la lexicographie française, Estienne, Nicot et le Thresor de la langue française*, University of Toronto Press, 1978.

D / *Poétique et rhétorique*

T. A. Cave, *The cornucopian text. Problems of writing in the French Renaissance*, Oxford, 1979.
M. Fumaroli, *L'âge de l'éloquence*, Genève, Droz, 1980.
A. L. Gordon, *Ronsard et la rhétorique*, Genève, Droz, 1970.
A. Kibedi Varga, *Rhétorique et littérature*, Paris, Didier, 1970.
A. Lorian, *Tendances stylistiques dans la prose narrative française du XVIe siècle*, Paris, Klincksieck, 1973.
K. Meerhof, *Rhétorique et poétique au XVIe siècle*, Leiden, E. J. Brill, 1986.
La notion de genre à la Renaissance (sous la direction de G. Demerson), Genève, Slatkine, 1984.
W. F. Patterson, *Three centuries of french poetic theory*, Ann Arbor, 1935.

III. — VOCABULAIRE

T. H. Hope, *Lexical borrowing in the romance languages*, Oxford, Blackwell, 1971.
E. Huguet, *L'évolution du sens des mots depuis le XVIe siècle*, Paris, 1934 ; Genève, Droz, 1967.
E. Huguet, *Mots disparus ou vieillis depuis le XVIe siècle*, Paris, 1935 ; Genève, Droz, 1967.
E. Huguet, *Dictionnaire de la langue française du XVIe siècle*, 7 tomes, Paris, 1925-1967.
W. Kesselring, *Dictionnaire chronologique du vocabulaire français, le XVIe siècle*, Heidelberg, Carl Winter, 1981.
H. Lewicka, *La langue et le style du théâtre comique français des XVe et XVIe siècles*, Paris, Klincksieck, 1960.
Ch. Marty-Laveaux, *La langue de la Pléiade*, Genève, Slatkine reprints, 1965.
B. H. Wind, *Les mots italiens introduits en français au XVIe siècle*, Deventer, A. E. Kluwer, 1928.